흐르지 않는
시간을 찾아서

사회복지사가 바라본 노인 돌봄의 오늘

흐르지 않는
시간을 찾아서

오정숙 지음

amadia

책 머리에

막막하고 두려운, 어느 날을 마주할 당신에게

　가족과 친지들이 모여 거창하게 환갑잔치를 열고 장수를 축하하던 시절이 있었다. 세월은 흘렀고 90대 노인을 흔하게 볼 수 있는 지금은 고희잔치라는 것도 '조금 특별한 생일' 이상의 의미를 갖지 못하는 때가 되었다.
　고령인구가 증가하고 백세에 대한 경이로움이 사라진 현대사회에는 노인성 질환자의 증가라는 현실이 버티고 있다. 노인성 질환으로 분류되는 치매, 뇌졸중, 파킨슨병 환자가 있는 가정은 감당하기 버거운 고통 속에 놓인다. 이는 어르신을 직접 모시는 해당 가정만의 어려움이 아니라, 어르신 슬하의 모든 가정이 함께 부담을 갖고 고통을 나누어야 하는 매우 복잡하고 어려운 문제다. 가장 가까워야 할 가족 간에 갈등이 생기고 왕래가 끊어지고 서로 원망하며 소원해지는 경우를 자주 볼 수 있다. 핵가족화 되고 맞벌이가 보편화되면서 고령의 어르신을 돌보는 일은 더 이상 가정에게만 책임 지울 수 없는 사회문제가 되었다.

가정에서 감당할 수 없는 어르신의 부양문제를 해결하기 위해 노인장기요양보험제도가 도입되었다. 눈에 잘 띄지 않는 음지에서 지냈던 분들이 제도권 안으로 들어와 국가의 보호를 받게 된 것은 다행이지만 제도가 시행된 지 10년이 지났어도 직접 발품 팔아가며 알아보지 않는 한 정보를 쉽게 얻기 힘들고 제도에 대한 이해도 부족한 것이 현실이다.

노인 돌봄은 외면하고 싶다고 외면할 수도, 나만 예외가 될 수도 없다. 정확하게 알고 현명하게 대처하는 것만이 아픔과 고통을 최소화할 수 있는 길이다. 그만큼 노인 돌봄 문제는 남의 일이라 넘어갈 것이 아니라 자세히 들여다보고 정확하게 이해할 필요가 있다.

노인 돌봄은 부모님에 대한 문제로 국한되는 것이 아니다. 걸음걸이에 힘이 없고 기억력도 약하며 발음이 어눌한 어르신의 모습이 나와는 상관없는 것이 아님을 우리는 잘 알고 있다. 몸과 정신이 아픈 어르신의 모습은 머지않아 맞닥뜨리게 될 나의 모습일 수도 있다. 현재의 장년세대는 부모님세대보다 훨씬 오랫동안 노인세대로 살아가게 될 것이다. 그 시기를 의미 있게 채워가는 것은 각자의 몫이다. 준비하지 않으면 인생의 어디쯤에서 복병을 만나게 될지 모른다.

독립적인 일상생활이 불가능한 부모님을 모시는 일로 고민하는 이들이 환자의 상태, 가정환경이나 질병의 특성에 따라 적절한 서비스를 선택하는 데 도움이 되기를 바라는 마음으로 이 책을 쓰게 되었다. 나의 부모님은 물론이고 우리 자신들도 돌봄을 받아야 할 때가 온다는 인식이 필요하다는 사실을 전하고자 했다.

책은 크게 네 부분으로 구성되어 있다. 첫째 장에서는 주간보호센터의 모습을 소개했다. 언젠가부터 자연스럽게 일상에 스며들었지만 자세히 알지 못하는 주간보호센터를 어떤 이들이 이용하고 어떠한 서비스가 제공되는지, 아침에 어르신을 모시러 가는 모습부터 시작해 센터에서의 하루 일과와 일과를 마치고 자택에 모셔다 드리기까지의 과정을 사례 위주로 기록했다.

둘째 장에서는 20년 가까운 시간 동안 노인 돌봄 현장에서 어르신들과 함께 생활하면서 겪었던 일들을 다루었다. 매일 반복되는 일상 가운데서 만난 여러 어르신들의 파란만장한 삶, 안타깝고 기막힌 사연, 그리고 그 속에 녹아 있는 노인 문제를 독자와 공유하고자 했다. 참고로 현장에서 일어났던 일들을 가감 없이 적었으나 등장하는 이름은 모두 가명으로 했음을 밝혀둔다.

셋째 장에서는 사회복지사가 된 과정과 사회복지시설에 근무하는 동안 마주한 현장의 모습을 소개하고 노인 돌봄의 현실과 오늘에 이르기까지의 과정을 되돌아보았다.

　마지막 장에서는 2008년 7월부터 시행되어 많은 분들이 혜택을 보고 있지만 아직 구체적으로는 알지 못하는 장기요양보험제도와 그 현실에 대해 적었다. 실제 생활에서 도움을 받을 수 있기를 바라는 마음으로 현장의 모습과 신체 및 인지기능이 저하된 어르신들의 상태에 맞는 여러 가지 제도를 소개했다. 아울러 현장에서 접한 제도의 개선점과 노인 돌봄의 미래에 대해서도 간략하나마 느낀 점을 함께 담았다.

　못된 질병이 멋지고 고왔던 어르신들의 생애를 아픈 상처로 할퀴지만 그분들이 지닌 마음의 속살들은 애써 기억하고 싶다. 많은 어르신들의 사연이 마음속에 무질서하게 쌓여 있다 불쑥불쑥 고개를 내밀고는 했는데, 이렇게 쏟아내고 나니 밀린 숙제를 마친 기분이다. 비워낸 마음의 빈자리에는 다시 내일 또 만날 누군가의 이야기가 자리 잡게 될 것이다.

　늙음은 누구에게나 예외 없이 찾아온다. 나의 안내가 노부모 부양문제를 고민하는 누군가의 자녀들에게 조금이나마 도움이 되길 소망한다. 그리고 부모님을 시설에 모셔놓고 어떻게 생활하는지 궁금한 분들에게는 현장을 이해하는 기회가 되고, 보호자와 시설 간의 이해와 신뢰가 높아지는 계기가 되기를 바란다. 또 인생이모작으로 노인시설에서 일하는 것에 관심을 가지고 있는 분들께는 현장을 간접 체험하는 기회가 되었으면 한다.

어제와 오늘 그랬듯 내일도 그렇게 어르신들을 위해 최선을 다해 함께 땀 흘릴 현장 동료들에게, 나의 길을 언제나 지지해준 가족에게 감사를 전한다.

2022년 새해를 맞으며
오정숙

차 례

책 머리에   5

1장 하루가 빨리 가 좋다는, 아픈 말
: 길고도 짧은 주간보호센터의 일상

오늘도 우리는 좋은(?) 아침입니다   14
대문을 나선다는 어려움과 매일 달리는 이유   24
'밥심'과 '약심'…우리에게 필요한 모든 것   33
통증은 세월만큼 쌓이고…재활, 어렵고 지루한 싸움   40
이분들을 어찌할까…전쟁을 치르는 식사시간   49
휴식이란 무엇일까, 해도 문제 안 해도 문제 '목욕'   61
숨 가쁜 하루가 지나고 집으로 가는 길   69

2장 기억이 우리를 속일지라도
: 노인 돌봄 현장이야기

남기고 갈 것과 버리고 갈 것   78
자식의 이름 아래 내 마음이 지워질 때   85
머릿속 지우개를 만난 적 있으신가요?   91
사라지는 기억과 털어내지 못한 일상   97
끝날 때까지는 끝난 게 아니야   101
모두 가슴 한구석에 돌덩이를 안고 산다   108
억울한 수고를 누가 당연하다 말하는가   113
당신에게 오늘은 어떤 소풍이었나요   118
정답을 알면서도 오답으로 눈물짓다   123

노인의 인격은 어디로부터 오는가	128
마지막 순간은 우리 의지에 있지 않다	133

3장 정해진 시작과 끝은 없다
: 사회복지사는 어떻게 단련되나

의미 있는 삶에 대해 나부터 질문하라	138
마음이 원하는 것과 제도가 하려는 일	146
우리는 '위문'을 받고 싶지는 않다	151
미움도 기쁨도 함께 불어오는 바람이니	156
요양시설의 바쁜 일상 "대화가 필요해"	160
공감과 이해, 쉽고도 어려운 줄다리기	166
의지와 능력 사이 길을 잃은 그대여	171
안정보다 변화를 꿈꾸다, 삶이 그러하듯	176
외로움을 키우는 질병, 코로나에도 희망을 품다	184

4장 모두를 위한 노인 돌봄에 대하여
: 장기요양보험제도와 과제들

장수가 축복 아닌 시대, 적극적 제도 활용을	192
원망은 버리고 부담은 더는 장기요양보험제도	200
필요한 곳에서 최선 다하는 돌봄 현장 전문인력	215
장기요양보험제도에 욕심을 더하다	224
'사랑과 약'을 전하는 보호자의 역할	231

추천의 말	238

1장

하루가 빨리 가 좋다는, 아픈 말

: 길고도 짧은 주간보호센터의 일상

오늘도 우리는
좋은(?) 아침입니다

"어르신, 5분 후에 모시러 갈게요. 준비해서 나오세요."
"보호자님! 곧 도착합니다. 천천히 내려오세요."
매일 아침 약속된 시간이면 어김없이 송영 차량이 집 앞에 닿는다. 미리 나와 기다리는 분, 문을 두드려야 겨우 나오는 분, 비슷한 듯 서로 다른 아침이지만 한 분 한 분 모시고 주간보호센터로 향하는 차 안은 안부를 묻는 인사로 정겹다. 어젯밤 딸과 통화했던 이야기, 용하다는 한의원에 가서 침을 맞았는데 신통치가 않더라는 푸념, 자식들 주려고 해콩을 까느라 잠을 못 잤다는 뿌듯한 몸짓, 손자가 할머니 좋아하는 참외를 사왔다는 자랑까지 쉴 새 없이 대화가 오간다.
"사탕 하나 잡숴 봐요. 나눠 먹을라고 일부러 샀어요."
"매일 얻어먹으면 미안해서 우짜노?"
"사탕 하나 가지고 뭐가 미안해요."

"그럼 운전하는 선생님은 내가 까서 줄게요. 안전운전 해야 되니까."

사탕 껍질을 까 입에까지 넣어줄 듯한 어르신들의 사랑에는 대답을 신중하게 해야 된다. 무심코 대답했다 곤란했던 적이 한두 번이 아니다. "사탕이 참 맛있네요." 감사를 표현하면 '사탕을 좋아하나 보다' 생각해 준비하고 있었다는 듯 한 웅큼 가득 집어 막무가내로 건네주신다. 안 먹을까봐 껍질을 까서 주니 안 받을 수도 없다. "어르신, 오늘만 주시고 이제는 주지 마세요. 저는 안 주시면 더 감사해요." 말씀은 드리지만 큰 효과는 없다. 세상 사는 이야기도 하고 변화하는 사계절에 감탄도 하며 어르신들을 모신 차는 매일 그렇게 센터를 향해 달린다.

인지기능이 양호한 어르신들은 미리 준비하고 기다리시기 때문에 수월하게 모실 수 있지만 그렇지 못한 경우에는 한 분 모시는 데 이삼십 분씩 소요되기도 한다. 84세의 김숙희 어르신 댁으로 향할 때는 '오늘은 별일 없어야 할 텐데…' 하는 긴장된 마음이 앞선다. 어르신은 뇌졸중으로 신체 왼편이 마비된 상태로 왼쪽 발을 끌며 걷고 왼손을 정상적으로 사용하지 못한다. 물건을 꽉 잡을 수 없어 잘 떨어뜨리고 옷을 입을 때도 단추 잠그는 것을 도와드려야 한다. 삼사 년 전부터 시작된 치매가 점점 진행된 탓이다. 최근에는 시간 개념이 없어지고 누군가 본인의 돈이나 옷가지를 훔쳐 간다며 의심하고 미워하는 등 사실이 아닌 것을 사실로 믿어버리는 빈도가 잦아지고 있다.

　아침마다 약속된 시간에 맞추어 어르신 댁으로 간다. 우선 휴대폰으로 전화를 드리는데 신호음이 울리고 또 울리고, 신호가 끊어질 때까지 울려도 받지 않는 경우가 많다. 그러면 다시 집 전화로 연락을 한다. 집 전화도 받지 않으면 아파트 15층인 어르신 댁으로 올라가 모시고 나와야 한다. 문을 열고 들어가면 전화가 안 왔다고 우기신다. 그 자리에서 전화를 걸어보면 신호가 가는데도 말이다. 거짓말을 하는 게 아니라 전화가 왔다는 사실을 인지하지 못하는 것이다.

　어느 날은 나오시라고 전화를 드렸더니 벌써 센터에 도착해 있다고 하셨다.

　"어르신, 그러면 센터에서 지금 뭐하고 계세요?"

　"침대에 누웠습니다."

　"옆에 다른 사람은 누가 있어요?"

　"아무도 없고 혼자 누워있습니다."

　혼란스러웠다. 아무리 생각해도 어르신을 센터에 모셔줄 사람이 없기 때문이다.

　'이게 어찌된 상황이지?'

　센터로 전화해 물으니 어르신은 안 오셨다고 했다. 그제야 섬망(갑작스럽게 인지기능이 떨어지며 환각을 동반하기도 하는 상태) 증세가 나타났다는 생각이 들어 현관문을 열고 들어가니 어르신은 목에까지 이불을 당겨 덮고 누워계셨다.

"어르신, 오늘은 어떤 옷을 입으실까요?"

아무 일도 없었던 듯 옷장을 활짝 열어 옷을 골라 입혀드렸다. 어르신이 '오케이' 하는 신발을 골라 신겨 모시고 나오는데 지팡이를 안 가져 왔다며 고개를 돌리셨다. 차에서 기다리는 분들을 생각하니 마음이 조급해졌다.

"네, 지팡이는 제가 챙길게요. TV도 끄고 전기장판도 껐어요. 이제 갑시다."

어르신도 늦었다는 생각이 드셨는지 불편한 걸음이지만 열심히 걸으셨다.

"어르신들 죄송해요. 조금 늦었지요."

먼저 타고 계시던 분들께 늦어서 죄송하다는 인사를 하고 차를 타고 달리는 도중에도 어르신은 현실과 섬망 상태를 구분하지 못하셨다. "아까는 누가 나를 센터에 데려다줬는고?" 어르신은 이후에도 자주 혼란스러워 하셨다.

"어젯밤에 센터에 같이 다니는 장 노인 부부가 문을 어떻게 열었는지 우리 집에 놀러 왔길래 내가 대접을 잘 해줬는데, 아침에 일어나니 인사도 안 하고 가고 없더라."

어느 날은 차 안에서 만난 장선호 어르신 부부께 "어제 우리 집에 왜 왔는교?" "아침에는 왜 간다는 인사도 안 하고 갔는교?" 하고 물으셨다. 어리둥절한 장선호 어르신은 그런 일이 없다고 부인을 하셨지만 어르신께는 그것이 너무나 확실한 사실이었다. 오지 않았다는 것을 추호도 의심하지 않고 온종일 '우리 집을 어떻게 들어왔는고'를 되풀이하셨다. 괜한 오해를 받은 장 어르신은 기분 나쁘다며 화를 내셨고 두 분 사이를 중재하느라 진땀을 흘리는 것은 사회복지사들의 몫이었다.

어르신의 인지기능은 갈수록 떨어져 시간 감각도 무뎌졌다. 늦은 밤이나 이른 새벽에도 송영 차량을 기다리며 밖에서 서성이는 모습이 자주 목격되었다. 새벽부터 밖에서 기다리다가 아무리 기다려도 차가 오지 않는다며 다시 집에 들어가서 기다리기를 반복하셨다. 그나마 살고 계신 아파트 단지를 벗어나지는 않는 것이 천만다행이었다. 같은 일이 반복되자 아들은 CCTV를 설치해 어머니의 모습을 지켜본다고 한다. 인지기능 저하가 빠르게 진행되어 걱정이다. 실종예방을 위해 경찰서에 지문을 등록하고 배회감지기와 인식표를 알아보고 있다.

심성배 어르신은 72세의 비교적 젊은(?) 남자 분으로 공기업에 다니며 큰 굴곡 없이 살았는데 십여 년 전 실명을 한 후 삶이 완전히 바뀌었다고 했다. 일상생활 모든 영역에서 전적인 도움을 받아야 되는 상태가 되었다. 식사 때는 숟가락을 쥐어 드리고 반찬과 밥의 위치를 알려드리면 혼자 식사를 하셨다. 실내에서 이동할 때도 시각장애인용 지팡이를 짚고 반드시 옆에서 부축해야 이동이 가능한 완전 실명상태였다. 그래도 늘 웃으며 농담도 잘하셨고 흥얼흥얼 노래도 부르고 "감사합니다, 감사합니다." 기도하며 지내셨다. "야~야~야~ 내 나이가 어때서, 사랑에 나이가 있나요~" 기회만 있으면 마이크를 잡고 다리를 흔들며 목청껏 노래를 신나게 부르셔서 인기가 많았다.

십여 년의 실명기간 동안 훈련이 되었는지 앞이 전혀 보이지 않는데도 아침저녁 송영할 때 보호자가 모시고 나오거나 인도하는 법이 없었다. 매일 아침 약속된 장소에 가면 어르신이 먼저 나와 계시거나 잠시 기다리면 지팡이로 바닥을 '탁탁탁탁' 확인하며 비가 오나 눈이 오나 어김없이 나타나셨다.

어르신 댁은 인도에서 계단을 열네댓 개 정도 올라가서 왼쪽에 있는 두 번째 파란 대문 집이었다. 배우자에 따르면 집에서 외출 준비를 할 때도 도와주지 않는다고 했다. 옷가지를 꺼내놓는 일 외에는 스스로 다 하시도록 둔다고 했다. 시행착오를 겪더라도 어르신의 자립을 돕겠다는 가족들의 현명한 판단으로 어르신은 일상생활 범위 안에서 자립할 수 있었다. 혼자 준비를 마치고 시간이 되면 알아서 대문을 나섰고 몇 걸음을 걷고 오른쪽으로 도는지, 몇 걸음 가면 계단이 시작되는지 모두 기억해 계단의 안전손잡이를 잡고 내려와 인도에서 차를 기다리셨다.

저녁 송영 때는 집 부근에 내려 드리고 계단이 시작하는 곳까지 동행했다.

"어르신, 다 왔어요." 계단을 마주보고 서면 짚고 있던 지팡이로 계단 손잡이를 '탕탕' 두 번 쳐서 위치를 확인한 후 뒤로 돌아 그 자리까지 도와준 사람과 고맙다며 악수를 하고, 다시 돌아 계단을 세며 올라가셨다. 처음에는 불안한 마음에 쉬이 자리를 떠나지 못했다. 대문을 밀고 들어가시는 것까지 보고 나서야 출발을 했다. 몇 차례 안전하게 들어가는 모습을 확인하고 나서는 오늘도 무사히 들어가시겠거니 여기고 바로 출발하게 되었다. 어르신이 늘 그렇게 계단 앞에서 "감사합니다. 잘 가세요." 하고 인사해 주실 줄만 알았다.

항상 흥얼흥얼 노래를 부르며 즐겁게 생활하던 어르신의 얼굴빛이 예사롭지 않아 보호자께 연락을 드렸다. 큰 병원에 가보시라고 권유했지만 시간이 없다는 이유로 가족들은 병원 방문을 차일피일 미루었다. 어느 날 눈 흰자위 부분이 노랗게 변색된 것을 발견하고 깜짝 놀라 소매와 셔츠를 걷어보니 황달이 심하게 온 것 같았다. 보호자께 더 이상 미루면 안 된다며 병원에 가보시라고 했다. 이튿날 병원에 간다며 결석을 하셨고 황달이 매우 심하다는 진단이 나왔다고 했다. 그렇게 입원을 하신 후 다시는 어르신을 뵙지 못했다. 이제는 어르신의 '내 나이가 어때서'를 들을 수 없고 계단을 셀 수도 없는 곳으로 가셨음을 전해 들었다.

90세에 처음 만난 김오순 어르신은 단독주택에 사시는데 넓은 1층을 혼자 쓰고 2층은 세를 놓고 계셨다. 슬하의 2남 1녀 중 큰아들과 딸은 공부하러 미국으로 건너간 지 수십 년이고, 작은아들은 서울에서 생활하는데 자주 서울과 대구를 오가며 어머니를 살펴드리고 있었다. 치매를 앓는 어머니가 넓은 집에 혼자 지내는 것이 불안해 가끔 어머니를 살펴봐 달라고 2층 전세를 아주 싸게 놓았다고 했다. 경제적으로 아무런 걱정이 없는 상황이지만 10원, 20원을 아껴 자식들을 가르치고 살림을 일으켰던 습관이 몸에 밴 탓인지 어르신은 골목골목 파지를 주워 파는 것을 큰 기쁨으로 여기셨다. 건강이 좋지 않은 어머니가 파지를 줍는 것이 불안했던 아들이 '제발 그만 하시라'고 말려도 고집을 꺾을 수는 없었다. 그래서 집 마당은 늘 갖가지 고물로 큰 무더기를 이루고 있었다.

"어르신, 날씨도 추운데 이런 거 주우러 다니다가 감기 걸리겠어요. 하지 마세요."

"내가 이렇게라도 움직이니까 이만큼이라도 건강한 기야. 씰데없는 소리."

어르신은 나의 섣부른 걱정을 일축하고 커다란 털 고무신을 사계절 터덜터덜 끌고 다니며 파지를 주우셨다. 어르신이 전화를 받는 경우는 극히 드물었다. 센터로 모시기 위해 집 앞에서 아무리 전화를 걸고 문을 두드려도 이른 아침부터 골목을 누비시느라 모습은 보이지 않았다. '또 건강을 벌러 가셨구나' 짐작하며 이 골목 저 골목을 찾아다니다 보면 저만치에서 빈 종이박스를 들고 의기양양하게 팔을 휘휘 저으며 걸어오는 어르신을 발견하곤 했다.

"어르신, 추운데 왜 이렇게 일찍 나오셨어요? 댁에 안 계셔서 많이 찾아 다녔어요."

"그랬나? 내가 어디 멀리가나? 가까운 데 운동 삼아 다니는 기라."

어르신을 골목에서 쉽게 만나는 경우도 있지만 도저히 못 찾으면 차에 미리 타고 계신 분들을 먼저 모셔다드리고 나중에 다시 어르신만 모시러 가는 경우도 자주 있었다.

"어르신 어디 가셨었어요? 온 골목을 다 찾아도 못 찾아서 갔다가 다시 왔어요."

"아, 그랬나? 미안하네. 고물이 많이 모여서 고물상에 갖다 주고 돈 바꿔왔다. 하하하."

어르신의 통장에는 어지간한 직장인 연봉이 될 만큼 잔고가 있는데도 결코 쓰실 줄 모른다. 공과금은 아들이 모두 자동이체로 처리해 놓았지만 어르신이 이해를 못하니 우편함에 수북이 꽂혀있는 고지서를 모두 모아 센터로 들고 오신다.

"나는 모르겠다. 해결해 봐라."

예금통장과 함께 고지서 뭉치를 툭 던지고는 부끄러운 웃음을 웃으신다. 아들은 어머니 고생하는 모습이 가슴 아프고, 어머니는 한 푼 한 푼 모으려는 마음밖에 없다. 한겨울에 기름값이 아깝다며 보일러는 켜지 않고 전기밥통을 끌어안고 주무시는 어머니 건강이 염려되어, 보일러 조절장치를 고장 내서 계속 돌아가도록 만들었던 아들이다. 식사비가 아까워 라면을 삶으면 면발만 건져 드시고 국물은 남겨뒀다 다음에 밥 말아 드신다고 냉장고에 넣어두는 어르신이다.

"어르신, 나라에서 어른신은 공짜로 밥을 준대요. 집 앞에 식당 있지요? 거기서 식사를 공짜로 주는데 만약에 안 드시면 아들이 입장 곤란해진대요."

 센터가 쉬는 일요일에 어머니의 식사를 걱정하는 아들과 의논해 만든 거짓말이었다. 아들 입장이 곤란해진다는 말에 일요일은 꼭 그 식당에서 식사를 하셨다. 면 종류는 안 되고 꼭 비싼 밥으로만 드셔야 한다고 하고, 식당에는 아들이 식사비를 이체해 주는 방식으로 휴일 식사문제를 해결했다. 아들이 진정으로 원하고 바라는 것은 어머니 건강인데 파지를 주우러 골목골목을 뒤지던 어머니가 남긴 돈을 아들은 쓸 수 있을까?

 얼마 전 어르신이 병원에 입원하셨다. 파지를 주우러 다니다 넘어져 골절상을 입으셨다. 병실에 누워서도 병문안 오는 이들이 들고 온 음료수 박스가 버려지는 것을 아깝게 바라볼 것 같다. 어르신의 빠른 회복을 기원한다.

대문을 나선다는 어려움과
매일 달리는 이유

    송영 시간에는 승합차, 승용차, 미니버스 등 다양한 차량을 이용한다. 어르신들의 건강상태와 거주지역 등을 고려하여 운용하는데 운전자와 1명의 동승자가 어르신들의 승하차를 돕고 필요하면 집 안까지 모셔 드린다.

    최혜숙 어르신은 평생 교직에 계셨던 83세 여자 분이다. 자전거를 타다 넘어져 허리를 다쳤다며 앉고 일어설 때마다 "아! 아!" 외마디 소리를 내신다. 앉았다 일어설 때는 항상 허리를 활처럼 뒤로 젖혔다가 다시 바로 세워 "후~" 큰 숨을 내쉰 뒤 지팡이를 짚고 조심조심 걸어 다니신다. 인지기능도 양호하고 문제행동도 없는 분인데 한 가지 꼭 배려해야 하는 것은 운전석 옆자리에 앉게 해드리는 것이다. 허리가 아파 뒷자리에는 절대로 앉을 수 없다며 어떤 차라도 반드시 앞자리에 앉아야 한다고 고집을 부리신다. 허리가 아픈데 뒷자리에 앉으면 더 아프다는 것이 어르신의 지론이다.

어느 날 허리가 90°로 굽어 지팡이를 짚어도 앞으로 쏟아질 것처럼 걷는 한 어르신이 먼저 차를 타게 되었다. 그분이 허리가 아프다며 앞자리에 앉겠다고 하셨다. 거절할 수 없어 운전석 옆자리에 앉혀드린 후 최혜숙 어르신을 모시러 갔더니 앞자리에 다른 어른이 앉아있는 것을 보자 안색이 변했다. 마음이 언짢은 듯 보였으나 일단 뒷자리에 타셨다.

"허리가 아파 이렇게는 못 간다. 아이구 허리야. 허리가 뿌러질라 한다."

차에 타면서부터 계속 통증을 호소하셨다. 운전하는 이도 앞자리에 앉은 어르신도 모두 좌불안석이었다. 앞자리의 어르신도 허리가 많이 아파서 그러니 오늘 하루만 이해해주시고 조금만 가면 내릴 테니 그대로 가자고 양해를 구했지만 완강히 버티셨다.

"나는 이렇게는 못 갑니다. 여기서 내려 주이소. 택시 타고 갈랍니다."

운전하는 사람이 이러지도 저러지도 못하고 난처해하니 도저히 불편해서 못 견디겠는지 먼저 탔던 어르신이 자리를 바꿔주겠다고 하셨다. 대로변에 차를 세워 자리를 바꾸고 남은 5분간을 앞자리에 앉아 센터에 도착하셨다. 그 후로 최혜숙 어르신은 당연하다는 듯 항상 앞자리에 앉으셨고 모두 그것을 마지못해 인정하게 되었다.

혼자 살고 계신 이주원 어르신은 경증의 인지저하가 있다는 진단을 받은 지 6개월 만에 치매가 급속히 진행되어 송영 차량 시간을 못 지킬 정도로 인지능력이 떨어지게 되었다. 약속된 시간보다 훨씬 일찍 집에서 나와 기다리다 아무리 기다려도 차가 오지 않는다며 다시 집으로 들어가고, 그사이 차가 와서 연락을 드리면 급하게 나오느라 휴대폰이나 모자, 안경 등을 잊고 나와서 다시 들어갔다 나오기를 반복했다. 그러다가 운전하는 직원과 작은 말다툼이 일어났다. 운전하는 직원은 먼저 차에 타고 기다리는 분들과 다른 곳에서 차를 기다리는 분들도 생각해야 하기 때문에 마음이 조급하다. 늦게 나오는 어르신께 인사가 곱지 않았고, 어르신은 들어갔다 나왔다를 반복해 힘들고 짜증나는데 건너오는 인사가 곱지 않으니 기분이 나빠 언성을 높여 화를 내신 것이었다.

"어르신, 전화를 드릴 테니 댁에 계시다가 '어르신 나오세요' 하면 나오세요."

신신당부를 해도 다음 날이면 모든 것이 초기화되어버렸다. 아침잠이 적은 어르신은 여전히 차를 기다리며 일찍 나오셨다가 아무리 기다려도 오지 않는 차를 원망했다. 한 번은 다시 집으로 들어가다 그 집이 그 집 같은 아파트단지에서 집을 못 찾아 동네를 여러 바퀴 돌아다니다가 직원에게 발견되어 모신 적도 있었다. 이런 갈등을 보고 방법을 찾아야 되겠다고 생각하던 중 어르신이 상담을 요청하셨다. 사뭇 진지한 표정으로 조심스레 찾아오셨다.

"어르신, 찾아 주셔서 감사해요. 뭐든지 말씀하세요."

긴장감을 풀어드리려고 최대한 부드럽고 친절하게 말씀을 드렸다.

"나 그 차 타기 싫어요. 마음에 안 들어요."

간단명료한 말씀이었다.

"네에, 그럼 저녁부터는 다른 차를 타시도록 조치할게요. 걱정하지 마세요. 말씀해주셔서 감사해요."

그제야 긴장과 걱정거리가 해결되었다는 듯 주름 많은 어르신의 얼굴이 미소로 환해졌다. 그 말씀을 하시기까지 얼마나 불편하셨을지 미리 대처하지 못한 죄송함이 컸다. 당장 저녁시간부터 승용차를 배정했다. 버스와의 갈등은 해결되었지만 아침마다 어르신을 찾아 주변을 살피고 집으로 어르신을 모시러 오르내렸다는 직원들의 보고는 여전하다. 아니 빈도가 더욱 잦아지고 있다. 문을 열고 나온 후 닫는 것을 모른다거나 열쇠에 대한 개념도 없어지고 리모컨을 들고도 TV를 어떻게 끄는지 모른다는 이야기들이 이어지고 있다. 혼자 사는 어르신인데 치매 진행이 너무 빨라 걱정스럽다.

어르신을 모셔 나오고 모셔다 드리는 것은 위험이 동반되므로 늘 조심해야 하는 일이다. 그래도 그 과정에서 새롭게 느끼고 배우는 것들이 있다.

　장기요양등급은 질병의 위중한 정도에 따라 여섯 단계로 등급이 나뉘는데 항상 누워 지내는 와상상태는 대개 1등급이다. 오순희 어르신은 의사표현을 전혀 못 하고 종일 누워서만 지내는 1등급에 해당했다. 식사는 상반신을 일으켜 안고 밥을 떠 넣어 드리면 본능적으로 우물우물 씹어 삼키는 식으로 해결을 했고, 기저귀도 의사소통이 안 되니 시간을 정해놓고 교체해 드렸다. 집으로 모셔도 늘 이불이 깔려 있는 방에 반듯이 눕혀드리는 것 외에는 달리 해드릴 것이 없는 분이었다. 이처럼 위중한 상태라 항상 휠체어에 태워 이동하고 두 사람이 양쪽에서 부축해 몸을 일으켜 세워 끌다시피 옮겨드렸다.

　어르신 댁은 상가건물을 가정집으로 사용하는 구조로 홀과 방의 높이가 40~50㎝ 차이가 나서 휠체어에 탄 채로 방에 들어갈 수는 없었다. 처음 어르신을 댁으로 모시고 가던 날 두 사람이 부축한다 해도 60㎏ 이상의 체중을 들어 올리기는 무리다 싶어 긴장했다.

　홀에서 방으로 올라가는 작은 돌계단 앞에 휠체어를 멈추고, 심호흡을 한 후 양쪽에서 부축해 몸을 일으켜 세우니 어르신이 먼저 한 발을 번쩍 들어 계단 위에 올려놓는 것이었다. 깜짝 놀랐다. 전혀 의식이 없고 몸을 못 움직이는 줄 알았는데 어르신의 의식은 살아있었고 필요에 따라 몸도 움직일 수 있었던 것이다. 이후로는 어르신을 대할 때 '내 말을 다 알아들으신다' 생각하고 천천히 설명해드리고 눈길도 한 번 더 드리게 되었다. 어르신의 사례를 경험한 후부터는 대화가 안 되는 분들을 대할 때도 의식은 살아있다는 것과 표현은 못 해도 듣고 계시다는 것을 잊지 않으려 노력한다. 듣기는 들어도 표현하지 못하는 그 답답한 마음을 생각하며.

 정원이 백 명 남짓인 주야간보호시설의 시설장으로 자리를 옮겨 개원하고 2주가 지났을 무렵, 넓은 시설에 출석하는 어르신은 달랑 4명이었다. 한 분 한 분의 의미가 남다르게 느껴지던 시기에 건장한 신사가 상담을 왔다. 장기간 입원으로 일어서지도 걷지도 못하는 아버지가 퇴원할 예정인데, 병원에서 천정을 보며 오래 누워 지내신 분을 집에서도 계속 침대에 누워 지내도록 할 수는 없다는 생각에 도움이 될 만한 시설을 찾던 중 우리 센터를 소개받았다고 했다. 교통사고로 6개월 정도 입원하셨다고 했다. 일어서지도 못하고 휠체어를 타고 이동하는데 센터에서 모셔줄 수 있는지 물었다. 넓은 시설의 햇살 따뜻한 창가에 나란히 앉아 계신 4명 어르신을 생각하면 이런저런 조건을 따질 상황이 아니었다. 첫 상담에서 모시도록 하자고 합의를 했다.
 며칠 후 다시 들른 보호자는 퇴원일자가 정해졌다며 신체기능 상태가 안 좋은데 센터에서의 생활이 가능할지 의심스러워 다시 확인하러 왔다고 했다. 모셔보자고는 했으나 전혀 일어서

지도 못하고 휠체어를 타야 하고 기저귀를 교체해 드려야 할 정도의 어르신을 모실 수 있을지 자신이 없었다. 그래서 보호자께 어르신의 신체적인 기능 향상은 솔직히 자신 없다고 말씀을 드렸다. 신체적인 재활은 한계가 있을 수도 있지만 장기간 입원으로 우울감과 정서적인 문제가 있을 수도 있으니 다양한 여가활동을 통해 심리적인 안정감과 생활의 활력을 높이는 것에 목표를 두고 모셔 보자고 제안을 했다. 보호자는 마음만 밝아지셔도 만족한다며 동의를 했다.

문제는 그것만이 아니었다. 어르신 댁은 우리 시설에서 20㎞ 정도 떨어진 곳이었다. 주소를 인터넷으로 검색하니 30분가량 걸린다고 나왔다. 그렇다면 조금 멀긴 하지만 가능하다고 생각했으나 실제로 모셔보니 그 거리가 만만치 않았다. 검색결과와는 다르게 실제 경로는 정체가 심하기로 유명한 구간을 통과하며 훨씬 오래 걸렸다.

모시기로 약속한 날 침대에 누워계시는 분을 일으켜 휠체어에 앉히고 엘리베이터로 1층까지 내려와 차량에 태웠다. 다리에 힘을 전혀 주지 못하셨다. 센터까지 이동하면서 40~50분간 이런저런 세상 사는 이야기를 나누며 지루한 줄 모르고 도착했다. 어르신은 오랜만의 외출을 무척 기뻐하셨다. 6개월 동안 병원에서 누워만 지냈던 분이라 갑작스러운 활동이 무리가 되지 않았을까 염려했지만 아무런 문제 없이 주 6일을 꾸준히 다니셨다.

어르신은 산책 겸 드라이브 겸 아침저녁 송영을 즐거워하셨다. 다행스러운 일이긴 했지만 한 분 어르신을 모시러 그 많은 시간을 들이는 것은 상당히 비효율적이었다. 내심 '거리가 너무 멀어 못 다니겠으니 가까운 곳에 있는 시설에 가겠다'고 해주길 은근히 바랐다. 우리가 모셔 보겠노라고 해놓고 먼저 백기를 들 수는 없었다. 가장 좋은 것은 어르신이 먼저 거절해주는 것이라고 생각했지만 끝내 그런 말씀은 없었다.

2개월가량 지난 어느 날 어르신을 차에서 휠체어로 태우려고 허리춤을 잡고 안아 일으키는데 어르신이 두 발로 우뚝 서는 것이었다. 깜짝 놀랐다. 어르신도 기분 좋게 '하하하' 웃으셨다. 그날 이후 어르신의 상태는 급격히 호전되었다. 그렇게 3개월이 지난 후 재활실에 어르신은 안 보이고 주인 없는 휠체어만 놓여 있었다. 무슨 사고가 난 건가 걱정하며 찾아다녔다. 잠시 후 화장실에서 직원의 손을 잡고 웃으며 조심스럽게 걸어 나오는 어르신을 보고 모두 박수치며 축하해드렸다.

입소 후 일 년 반이 지난 지금은 휠체어와 작별하고 조심스럽게 걸으신다. 실내는 물론 야외에서도 손을 잡아드리면 잘 걸어다니신다. 조심성 많은 어르신이라 넘어져 다칠까봐 걷는 것을 자제하고 계신다. 부모님 문제로 상담을 하러 오는 분들을 마주치면 당신 스스로 '내가 걷게 되었노라'고 '여기가 참 좋은 시설'이라고 홍보를 해주신다. 여전히 매일 아침저녁 송영이 만만치 않고 그동안 어르신 동네에도 좋은 설비를 갖춘 주간보호시설이 많이 생긴 것을 어르신도 보호자도 잘 알고 있지만, 오늘도 우리는 오십 리 길을 아침저녁으로 즐겁게 달리고 있다.

'밥심'과 '약심'…
우리에게 필요한 모든 것

"버스 도착 했습니다."
"어서 오세요, 어르신."
"박 선생, 반가워요."
"지난밤에 잘 주무셨어요?"

각 지역에 흩어져 있던 어르신을 모신 차량들이 마당으로 들어오면 왁자지껄 경쾌한 소리들로 센터의 하루가 시작된다. 머리가 하얗게 센 어르신들이 지팡이를 짚거나 부축을 받으며 내리기도 하고, 부축하는 것을 거절하고 호전된 자신의 모습이 신기한 듯 혼자 걷는 분도 있다. 일찍 일어나 거울을 보고 또 보고, 빗질도 한 번 더하고, 여자 분 중에는 파운데이션에 빨간 립스틱까지 바르고 오는 분도 많다. 오히려 직원들은 더위와 마스크를 핑계로 화장기 없는 맨얼굴로 출근을 하는데 어르신들은 예쁜 옷을 골라 곱게 단장하고 오신다.

"어르신, 새 옷 입으셨네요. 예뻐요."

"이거 오래된 거다." 손사래를 치면서도 기분 좋게 웃으신다.

"어! 모자가 바뀌었네요. 멋져요." 남자 어르신들에게는 모자나 안경이 바뀐 것을 알아드리는 센스가 필요하다. "우리 집에 모자가 많아요." 만면에 웃음을 짓고 즐거워하신다.

현관에서 실내화로 갈아 신는 일은 건강한 사람에게는 간단한 일이지만 그 간단한 동작을 스스로 해결하는 인원은 절반 정도밖에 안 된다. 가급적 신발을 찾아드리기는 하되 어르신 스스로 신도록 권한다. 도움을 최소화하려고 노력하지만 편마비나 파킨슨병 환자, 치매가 심한 분들은 도와드려야 한다. 그분들에게는 자세를 낮추고 신발을 신고 벗는 동작이 생각보다 어렵고 위험하다.

코로나19 이후 어르신들과 만나도 힘차게 '하이파이브'를 할 수 없는 아쉬움이 있지만 주먹 인사를 하고 눈인사를 하며 반가움을 전한다. 실내화로 갈아 신은 어르신을 곁에서 보조하며 각자의 자리로 모신다. 자리에 앉으면 차를 한 잔씩 드리는데 봄, 가을, 겨울에는 다양한 한약재를 끓인 약차를 드리고 여름에는 주로 보리차나 옥수수차를 대접한다.

차를 드시는 동안 아침 식사로 드릴 죽을 준비한다. 소화가 잘 되고 위에 부담이 적은 야채죽, 흑임자죽, 호박죽, 소고기죽, 땅콩죽, 누룽지, 스프 등 다양한 메뉴로 아침 요기를 한다. 죽을 가져다드리면 거절하시는 분들이 가끔 있다.

"아기 때 없는 살림이라 엄마 젖이 부족해 죽으로 연명을 했어. 죽을 너무 많이 먹어서 평생 먹고 싶지 않아."

다른 걸 드릴까 해도 점심을 맛있게 먹겠다며 거절하신다. 아침에 약을 먹어야 하기 때문에 집에서 밥을 먹고 왔다고 거절하는 분도 계신다. 자녀들이 일찍 출근하기 때문에 같이 밥을 먹었다고 하는 분을 뵈면 집안 어른으로 대우받고 가족들로부터 대접을 받고 사시는 것 같아 공연히 기분이 좋다. 아침을 먹고 왔다며 죽은 안 먹겠다고 하셨다가도 '죽'이 아니라 '스프'라고 하면 양식이 좋다고 반색하며 드시는 분도 있고, 죽은 잘 드셔도 스프는 싫다는 분도 있다.

아침 식사 후에 약을 드시는 분들은 간호사가 앞앞이 다니며 약을 권한다. 약을 챙기는 일은 중요해서 신경을 많이 써야 한다. 센터에서 잘 챙겨 드렸는데도 집에 가서는 '약을 안 주더라'고 하는 분도 계시고 그 말을 믿은 가족이 항의도 하기 때문에 증거물로 빈 약봉지를 주머니에 넣어서 보내드리기도 한다. 어르신들도 대부분 약을 중요하게 여기는데 스스로 드시는 것보다 간호사가 정확하게 챙겨드리는 것이 안심되어 약을 맡겨 놓고 챙겨 달라고 하시는 분이 많다. 간혹 드시고 싶은 약은 드시지만, 싫어하는 약은 간호사가 지켜볼 때는 입에 넣는데 간호사가 가고 나면 안 드시고 주머니에 넣어 두었다가 보호자에게 발견되어 우리를 난감하게 만드는 경우도 있다.

"아~ 해보세요."

간호사가 약을 드셨는지 입 안을 확인하는 소리는 아침 공부를 할 시간이 되었다는 신호다.

간단한 아침 식사 자리가 정리되면 A4용지에 속담이나 명언, 노랫말 등을 인쇄하여 종이와 연필, 색연필과 함께 나눠드린다. 인쇄된 글을 읽고 글씨를 따라 쓰도록 하는 것이다. "나의 살던 고향은 꽃피는 산골~" 종이에 적힌 글을 읽고 가락을 붙여 흥얼거리며 따라 부르는 어르신도 있다.

글씨를 능숙하게 큼직큼직 시원스럽게 쓰고 기다리는 분도 있고 정성스럽게 꼬불꼬불 글씨 모양을 그리는 분도 있다. 글씨 쓰는 것이 익숙하지 않은 분들이다. 남존여비 사상이 강했던 어르신들의 소싯적에는 아들만 학교에 보내고 딸은 공부를 안 시킨 경우가 많았다. 그래서 우리 어르신 중에도 글씨를 읽고 쓰지 못하는 분들이 있다. 그런 분들은 글씨 쓰는 시간이 오래 걸린다. 그래도 '공부한다'는 느낌이 있는 그 시간을 매우 즐거워하신다.

내 어머니도 공부에 대한 한을 가지고 계신다. 어머니는 아들을 기다리던 집에 둘째도 딸로 태어났다는 이유로 마음의 상처를 많이 받고 자라셨다. 바로 다음에 태어난 아들은 대학교수가 되도록 지원을 했지만 '딸은 공부를 많이 시키면 안 된다'며 어머니는 '국민학교'에도 제대로 보내지 않고 집안일을 시켰다고 한다. 공부를 하고 싶었던 어머니는 못 배운 것이 평생의 한이 되어 자식들은 배우고자 하면 무엇이든 원하는 대로 지원해 주셨다.

　언젠가 연로하신 부모님의 이삿짐을 정리하던 중 예쁜 종이 상자를 열어보고는 가슴이 먹먹해졌다. 상자에는 중학교 1학년 영어책과 영어공책, 연필 한 자루가 들어있었다. 배움에 대한 갈증이 많았던 어머니는 아들 것인지 손자 것인지 모를 오래된 영어책을 소중히 간직하며 남몰래 공부를 하셨던 것이다. 공부에 대한 갈증이 많았음에도 자식들을 키우고 가르쳐야 하는 엄마로서의 책임감에 최선을 다하셨고, 당신은 혼자서 낡은 영어책을 품고 떠듬떠듬 알파벳을 익히셨으리라. 언젠가 길가에 주차된 자동차 이름을 보며 '에스'라고 읽던 어머니의 모습이 떠올랐다. 그때는 '알파벳을 아시는구나!' 하고 별생각 없이 지나갔는데 어머니 마음을 읽어드리지 못했음에 무척 죄송했다. 생업 현장에서 물러나고 여유가 생긴 어머니는 지역 복지관에서 서예와 서양화 등을 공부하며 배움에 대한 허기를 채우셨고 그 과정을 너무나 즐거워하셨다. 자녀의 성공에 기뻐하던 종류와는 또 다른, 순수하게 행복한 모습이었다. 지금은 병마와 싸우느라 행복하게 그리던 그림도, 뛰어나게 잘하던 서예도 손 놓고 계시니 마음이 아프다. 어르신들이 정성스럽게 글씨를 그리는 것을 보면 자꾸 어머니 모습이 겹쳐진다.

　글씨 쓰기를 마치면 꽃 그림, 나무 그림, 동물 그림 등 다양한 그림 도안에 색칠하기를 한다. 색연필과 크레파스 등으로 색칠하면서 인지기능을 향상시키고 소근육 운동을 유도하는 시간이다. 80세, 90세가 되기까지 어르신들이 몇 번이나 크레파스를 잡고 그림을 그려 보았을까? 생경한 느낌에 처음에는 못한다고 사양하지만 매일 이어지는 작업이라 나중에는 자연스럽게 나름대로의 색감으로 작품을 만들어 내신다. 자녀나 손주가 그림 그리는 것을 지켜보기만 했을 어르신들은 직접 그림을 그리며 매우 즐거워하신다. 옆에 있는 동료는 무슨 색으로 토끼를 칠했는지, 물고기는 왜 분홍색인지 서로 비교하며 재미있어 하신다.

충청도에서 평생 농사일만 하셨다던 한 어르신이 당신 그림이 게시판에 올려져 있는 것을 보고는 만면에 미소를 지으셨다. "누구나 다 할 수 있시유~" 하는 말씀에 작품에 대한 자부심이 묻어 있었다.

정신 질환이 있는 분 중에는 밑그림이 무엇이든 상관없이 한 가지 색, 특히 빨간색으로 전부 칠하는 경우가 있다. 수개월을 그렇게 하다가 그림 한구석에 다른 색깔이 하나 추가되고, 또 수개월 이어지다가 다른 색깔이 추가되는 모습을 보이기도 한다. 전문적인 지식은 없지만 미술치료 과정의 일종이라 여긴다.

"찔레꽃 붉게 피는 남쪽 나라 내 고~향~"

글씨 쓰기와 색칠하기를 마치면 신나게 체조도 하고 치매 예방을 위해 제작 보급된 '힘뇌체조'나 '치매예방체조' 등을 하며 인지기능과 신체기능을 자극한다. 손가락운동, 가위바위보, 거꾸로 따라 하기 등 신나는 레크리에이션으로 잠들어 있던 뇌를 깨운다.

　건강보험공단과 치매예방센터 등에서 개발 보급하는 '치매예방체조', '힘뇌체조', '실버체조', '치매예방 율동체조', '좌식 건강체조' 등 많은 자료들이 신체기능과 인지기능의 저하를 억제하는 자료로 활용되어 진행자와 참여자들에게 큰 도움을 주고 있다.

통증은 세월만큼 쌓이고⋯
재활, 어렵고 지루한 싸움

"자 이제 운동하러 가겠습니다. 조별로 이동하십시다. 1조부터 갈게요. 1조는 코끼리자전거로 이동하세요."

간단한 체조와 율동으로 유쾌하게 웃으며 몸과 마음을 깨운 후 다양한 기구들을 활용한 그룹별 재활운동을 한다. 재활활동은 힘들고 반복적이라 인내심을 필요로 하지만 반드시 해야 하는 활동이다. 센터에서는 신체기능이나 인지기능이 비슷한 어르신끼리 조를 나누어 매일 모든 기구를 활용한 재활운동이 이뤄지도록 하고 있다.

조혜자 어르신은 양쪽 고관절 수술 후 보행이 불가능해져 휠체어를 타고 입소하셨다. 다시 일어서겠다는 의지가 매우 강했던 분이라 다른 어르신들보다 강도 높게 운동을 하셨다. 꾸준히 이어진 운동 덕분에 입소한 지 1년이 되어갈 즈음에는 휠체어에서 일어나 지팡이를 짚고 걷기를 시도하셨다. 이전에는 아침에 센터에 도착하면 마당에서부터 휠체어를 타고 내부로 들어오셨으나 요즘은 차에서 내려 지팡이를 짚고 실내로 걸어서 이동하신 후 본인 자리에 대기해 놓은 휠체어 앉으신다. 주말에 어머니를 보러왔던 아들이 어머니가 지팡이를 짚고 한 발 한 발 떼는 모습을 보며 무척 좋아했다고 자랑을 하신다. 재활을 목적으로 주간보호시설을 운영하는 우리 센터에서는 크고 작은 차이는 있지만 근력 강화를 통해 신체기능이 좋아진 사례가 일일이 열거하지 못할 만큼 많다.

공성민 어르신은 골절 수술로 입원했다가 입원 기간 내내 다리를 오그리고 누워계셔서 퇴원할 때는 굳어진 두 다리를 펼 수 없게 되었다. 무릎 뒷부분인 오금이 심하게 수축되고 굳어 펴지지 않으니 퇴원은 했지만 일상생활에 제약이 많았다. 앉은 채로 할 수 있는 일이나 상체로 움직이는 것들만 가능했다. 다리가 180°로 펴져야 걷고 움직일 수 있을텐데 어르신은 30°도 펴지지 않았다. 스스로 걷는 것이 불가능해 집에서는 바퀴 달린 납작한 의자에 앉아 바닥을 밀며 이동을 하셨고 가끔 외출할 때는 휠체어를 타셨다. 정상적인 생활이 어려우니 성격도 괴팍해져 화를 잘 내고 알코올 중독이 되도록 술병을 안고 사셨다고 한다. 거기에 배우자와의 사별로 우울증까지 겹치게 되어 자녀들도 아버지를 어쩌지 못하던 중 우리 센터로 모셨다.

처음에는 말씀도 잘 하지 않고 신경질적인 반응을 많이 보이셨다. 걷는다는 것은 꿈에도 생각할 수 없었고 자녀들은 아버지의 다리가 그렇게 많이 굳었는지 모르고 있었다. 그랬던 어르신이 물리치료사의 설득으로 굳어진 다리를 펴는 운동을 시작하셨다. 접힌 채로 굳어진 관절을 펴느라 많은 아픔이 있었을 텐데 물리치료사의 요구를 웃으면서 다 수용하고 무릎을 펴는 운동과 걷는 운동을 열심히 하셨다. 어느 날 운동하던 어르신들 쪽에서 박수 소리가 나서 돌아보니 어르신이 완전히 다 펴지지는 않았지만 150° 이상 다리가 펴진 상태로 걷고 계셨다. 같이 박수를 쳤다. 감격스러웠다.

푹 눌러쓴 모자와 마스크로 얼굴을 다 가린 배타적인 태도에 말을 붙이기도 조심스러웠는데 꾸준히 이어진 재활운동에 다리가 점점 펴지는 것을 눈으로 확인하면서 스스로 고무되어 많은 노력을 하셨다. 이제는 눈만 마주쳐도 환하게 웃으며 반겨주신다. 마스크 위로 어르신의 웃는 눈이 참 예쁘다. 10개월이 지난 요즈음 어르신은 지팡이도 짚지 않고 스스로 걷는다.

"어르신, 마당에서부터 걸어오시네요. 깜짝 놀랐어요."

작은 격려에도 만면에 웃음으로 화답하는 어르신의 우뚝 선 모습이 보기 좋다.

동료 어르신들이 호전되는 모습은 다른 분들에게도 긍정적인 도전이 되어 더욱 열심히 운동하는 선순환 효과로 나타난다. 근육이 많이 빠지거나 힘이 없어 걷지 못하는 경우에는 운동을 통해 근력이 생기면 빠르게 호전되지만 뇌졸중이나 파킨슨병으로 인한 경우는 그렇지 못하다. 파킨슨병은 뇌신경계통의 이상으로 장애가 일어나기 때문에 신체적인 운동과 근력 강화만으로는 해결이 되지 않는 듯하다.

아직 예순이 안 된 젊은 나이에 파킨슨병이 발병해 택시 운전을 하는 남편이 온종일 아내 수발을 하느라 생업을 포기하고 있다며 입소상담을 하셨다. 안타까운 마음에 배우자 분은 센터에서 안전하게 보살필 테니 마음 편히 일하시라고 했다. 보호자도 그러길 바란다고 좋아하셨다. 아내 분은 한 달가량 센터에 출석해 운동을 했으나 크게 호전되지 않자 보호자가 다시 전적으로 매달려 걷는 연습만 시켜보겠다며 센터에서 하는 운동을 중지하고 집에서 애를 쓰고 있는데 좋은 효과가 있기를 진심으로 바란다.

비슷한 연령대인 또 다른 분도 남편이 생업을 포기하고 전적으로 매달려 치료를 하려고 전국의 좋다는 병원과 한의원을 찾아다녔으나 효과를 못 봤다고 했다. 굳어가는 아내 몸을 끌어안고 운동을 시키고, 힘들다고 짜증내는 아내를 다독이며 걷기를 시키다가 보호자가 지쳐서 더는 못하겠다며 두 손을 놓고 있다. 포기하기에는 너무 젊은 나이라 안타까운 마음이 크다. 그러나 파킨슨병의 경우 고통받는 환자는 많으나 약물이나 치료법으로 가시적인 효과를 보지 못하고 있다.

기구에 코끼리 모양이 그려져 있어 모두 '코끼리자전거'라 부르는 재활전용 자전거는 팔과 다리 중 한 가지 기능만 살아있으면 사지 전체 운동을 할 수 있는 매우 효율적인 운동기구다. 이 자전거로 꾸준히 운동을 한 어르신들의 상태가 호전되는 것을 현장에서 다양한 사례로 확인하고 있다.

금명희 어르신은 왼쪽에 마비가 생겨 오른손으로 지팡이를 짚고 왼쪽 다리를 끌면서 걷는 분이다. 어느 날은 어깨가 너무 아파 팔을 들어 올리지도 못한다며 얼굴을 찌푸리고 계셨다. 자전거에 앉아 양쪽 발은 페달에 올려 놓고 팔은 늘어뜨린 채 손잡이를 잡지 않고 다리 운동으로만 이용하고 계셨다.

"어르신, 왜 손잡이를 안 잡고 타세요?"

"팔이 너무 아파 못 잡아요."

"저를 믿고 손잡이를 잡아 보세요." 왼팔을 가볍게 잡아 당겨 손잡이에 갖다 대니 "아야! 아야!" 괴로워하셨다. 어르신 손을 손잡이에 올리고 가장 약하게 조심조심 페달을 밟도록 조절해드렸다. 그렇게 20분가량 운동을 하고 안마기로 이동하셨다. 며칠 후 자전거에서 운동하던 어르신이 부르셨다.

"아이고, 선생님 말대로 하니까 내 팔이 안 아파졌다."

무슨 말씀인지 영문을 몰라 어리둥절한 표정으로 바라봤더니 '고마워'를 연발하셨다.

"그날 선생님이 팔도 같이 운동을 하면 좋다고 해서 그렇게 했는데 이제는 팔이 안 아파."

아마도 오랫동안 아픈 팔을 늘어뜨리고만 지내서 어깨가 굳어가던 중에 운동으로 풀어진 듯하다. 이후로 운동에 재미를 들이셨는지 자전거를 타는 모습을 자주 볼 수 있고 걸음걸이도 훨씬 가벼워 보였다.

"어르신, 이제 잘 걸으시네요. 이럴 때일수록 더 조심조심 걸으셔야 돼요. 다시 넘어지면 큰일 나요."

"알았어요. 선생님 말씀은 잘 들어야재. 하하"

꾸준한 운동으로 건강이 많이 호전된 어르신은 하루도 결석을 안 하려고 노력하신다. 병원에 가는 날도 진료를 마친 후 자녀들이 어르신을 센터까지 모시고 온다. 운동의 중요성에 동의해주는 것이라 해석하고 늘 감사하게 생각한다.

우리 센터에서는 어르신들이 둘러 앉아 박수치며 운동하는 모습을 자주 볼 수 있다. 자칫 지루할 수 있는 운동을 즐겁게 하기 위해 노래도 부르고 박수도 치며 '엘라핏'이라 불리는 탄성기구를 이용해 인도자와 함께 운동하는 장면이다. 커다란 우산모양에 설치된 탄성 높은 고무줄을 잡고 팔 운동, 복부 운동, 다리 운동을 할 수 있는 전신 운동기구로 의자를 앞으로 당기거나 뒤로 밀어 강도를 조절할 수 있다. 어깨나 팔 운동을 집중적으로 하면서 다리 운동과 복부 운동도 함께 병행한다. 편마비나 파킨슨병으로 인해 보행에 어려움을 겪는 분들은 '워크메이트'라는 보행을 돕는 장비를 많이 이용한다. 천장에 레일을 만들어 레일에서 내려오는 두 줄에 보호용 조끼를 끼워 입고 보행하면 넘어지지 않고 걸을 수 있다. 걷기 운동뿐만 아니라 의자에 앉아 손이나 발을 줄에 걸어 다양한 운동이 가능하고 전신 운동도 할 수 있다. 바닥에 매트를 깔고 눕거나 짐볼 등에 앉아 두 줄을 잡고 다양하게 활용을 할 수 있는데, 특별한 동작 없이 발을 공중에 띄워 놓는 것만으로도 편안하게 휴식이 된다.

개인별로 걷기 운동을 할 때는 독립적으로 보행할 수 있는 '슈마'라는 기구를 이용한다. 워크메이트가 단체로 하는 고정된 장비라면 슈마는 개인이 장소만 있으면 할 수 있는 보행재활기구로 안정감이 있고 좌우 흔들림 없이 보행훈련을 할 수 있다. 조끼를 입기가 좀 번거롭지만 보행이 불편한 어르신들에게는 높은 만족감과 성취감을 준다.

"어디가 아프세요?"
"온 몸이 다 아파요."

어르신들에게 여쭈면 제일 많이 듣는 대답이다. 세월은 어르신들 몸에 통증으로 쌓여있는 것인지도 모르겠다. 재활운동을 통한 기능회복이 효과를 얻는 데는 시간과 노력이 필요하지만 통증은 그 시간을 기다려주지 않고 어르신들을 괴롭힌다. 그래서 즉각적으로 통증을 시원하게 해소해주는 물리치료를 선호하신다. 치료를 받으려고 기다리는 분들은 주변의 다른 기구를 이용하면서도 내 차례가 지나가지는 않는지 수시로 순서를 확인한다. 신경은 온통 물리치료실에 가 있다. 순서를 기다리는 동안 발생하는 불만을 잠재우며 평화롭게 이끌어가는 것은 담당 직원의 노련함에 달려 있다.

센터 내 안마기는 비는 시간이 없다. 시중에 판매되는 일반 안마기는 건강한 사람이 앉아도 아프다는 느낌이 드는 반면 센터에 비치된 '실버안마기'는 강도가 약해 연로한 어르신도 편안하게 이용할 수 있다. 그래서인지 정해진 시간에 따라 이용하기도 하지만 식사 후 휴식시간에 잠깐 졸기에도 적합해 선호도가 높다.

"어르신, 시간이 지나서 교대해야 되는데 그만 좀 양보해주세요."

일어나시라 부탁해도 눈을 감고 계시는 분도 있고 못 들은 척하는 분도 있다.

뭐니 뭐니 해도 어르신들이 가장 선호하는 기구는 공기압 기구다. 한의원이나 재활병원에서 주로 사용하는데 두 다리에 장화처럼 신고 누워있으면 공기 압력으로 다리를 시원하게 주물러주니 쉬면서 안마를 받을 수 있다. 조별로 운동 위치를 정해드리는데 공기압 기구는 모두가 좋아해 제일 먼저 자리가 찬다. 내가 꼭 이용해야 한다고 주장하는 사유도 다양하다. '어젯밤에 한숨도 못 자서 피곤하니까 좀 자야 된다', '다리가 많이 아파서 다른 건 아무것도 할 수가 없다', '어제 못해서 오늘이라도 해야 된다'.

인기가 많다 보니 30분으로 제한된 타이머를 직원이 안 보는 사이에 과하게 돌려 자주 고장이 나기도 한다. 처음에는 먼저 하겠다고 그리로만 몰려 보행이 수월한 분들이 자리를 선점하고 억울한 분들이 생겼으나, 조별로 이용순서를 정하자 평화를 찾았다.

"젊은이들이 왜 밥도 안 먹고 컴퓨터를 하는지 잘 알겠다."
"맞다. 맞다."

재활훈련은 신체기능뿐만 아니라 인지기능에도 필요하다. 1단계부터 9단계까지 구성된 컴퓨터 프로그램을 이용해 수준별로 인지훈련을 하니 적절한 난이도 조절로 누구나 흥미롭게 할 수 있다. 백발의 어르신들께는 익숙하지 않은 컴퓨터와의 만남이라 처음에는 두려워하던 분들이 한 분 두 분 용기를 내더니 이제는 머뭇거림 없이 참여하신다. 재미있게 구성된 기억력, 판단력, 분별력, 계산력, 언어능력, 공간지각능력 등의 기능훈련에 즐거워하신다. 너무 재미있어 2시간을 했다는 분도 계시고 중급으로 올라갔다고 자랑하는 분도 계신다.

재활은 자신과의 싸움이고 시간과의 싸움이다. 때로는 즐거움이 그 시간을 지탱해주기도 하고, 때로는 끈기가 불안을 덜어주기도 한다. 스스로 움직일 수 있는 것에 대한 열망은 나이가 많고 적음에 달려 있지 않다는 것을 어르신들의 재활활동을 통해 자주 깨우친다.

이분들을 어찌할까…
전쟁을 치르는 식사시간

"오전 운동은 여기까지 할게요."

11시 50분 경이면 점심 식사를 위해 오전 활동을 마무리한다. 미련이 남아 쉬 일어나지 못하거나 마무리되지 않은 컴퓨터게임에서 손을 떼지 못하기도 한다. 이동이 불편한 분들을 부축해 휠체어에 태워드리고 스스로 휠체어를 운전하지 못하는 분들은 도와드린다. 엘리베이터로 이동을 하므로 대여섯 번은 오르내려야 된다. 엘리베이터에 어르신들만 타고 이동을 하다가 넘어질 뻔한 일이 있어서 직원이 보안카드를 가지고 함께 이동한다. 보안카드가 없으면 엘리베이터가 작동하지 않아 어르신들은 자유롭지 않은 이동에 불만을 표출하기도 하지만 사유를 설명하면 이해를 하신다.

코로나 이후 방역을 위해 식탁에는 가림막이 설치되어 있다. 코로나에 지친 어르신들은 '이것 좀 치우고 밥 먹으면 좋겠다'며

마뜩잖아 하는 분도 있지만 상황을 이해하고 협조해 주신다. 식사 때는 앉는 자리로 인해 갈등을 빚기도 한다. 인지가 양호한 분들은 자신의 자리를 알고 찾아 앉는데 인지기능이 저하된 분들 중에는 아무 자리에나 먼저 앉아 계시기도 한다. '여기는 내 자리'라며 나타나는 분이 있으면 그때부터 분위기가 난감해진다. "니 자리 내 자리가 어디 있노?" 원론적인 주장으로 버텨보지만 주위의 동조를 얻지 못하고 "나 밥 안 먹는다." 시위를 벌이기도 하신다.

서옥선 어르신은 초등학교 교사로 시작해 중학교 교장에 장학사까지 지낸 분이다. 공부로 인한 자부심이 강해 '한 번도 전교 1등을 놓친 적이 없었다'는 것이 어르신의 큰 자부심이다. 서옥선 어르신은 다른 불편한 어르신들을 잘 도와주고 분위기를 항상 긍정적으로 이끌며 자신감 있는 말투와 행동을 하셨다. 부족한 내게도 식사를 하다가 벌떡 일어나 깍듯이 허리를 90°로 굽히며 농담 반 진담 반 인사를 하셨다.

"아! 센터장님 안녕하십니까?"

"아이고, 어르신 왜 이러세요. 네, 어르신 맛있게 드세요." 머리가 땅에 닿도록 인사를 마주하며 웃었다.

치매에 걸린 후 기억력에 문제가 생겼지만 심하지는 않았는데 6개월 전 전신마취를 하고 암수술을 받고 난 후 치매가 급속히 진행되었다.

"내가 왜 여기 있노? 아무 데도 아픈 데가 없는 사람을 왜 병원에 입원시켜 놨노?"

어르신은 수술 후 병원에 계시면서도 퇴원하자고 소동을 많이 일으키셨다고 한다. 두 달여 만에 센터에 출석한 어르신이 반가워 동료들이 그동안 왜 안 왔냐고 물으니 결석한 적이 없다며 왜 그렇게 묻는지 의아해하셨고, 또 다른 분이 똑같이 물어도 같은 대답을 하셨다.

"나는 하루도 결석한 적이 없는데 왜 나를 안 왔다고 하노?"

"어르신은 결석 안 했습니다. 저 양반이 괜히 농담한다고 그런 겁니다. 이해하이소."

같은 질문이 여러 차례 반복되자 화를 내며 싸우려 했는데 곁에 계시던 분이 지혜롭게 다독이고 나서야 겨우 진정이 되었다. 그 광경을 안타깝게 바라본 동료 어르신들은 그 후 일일이 따져 묻지 않고 눈치껏 알아서 대답해주는 지혜를 발휘하신다. 고마운 일이다.

치매가 심해진 후로 어르신은 매일 앉아 활동하고 식사하셨던 자리를 잘못 찾아 시비가 일어났는데 그 빈도가 잦아지고 있어 걱정이다. 점점 더 사소한 일로 화를 내고 그러면 딸에게 전화를 걸고 딸은 갑작스런 엄마의 전화에 큰일이 난 줄 알고 당황하는 일이 반복되고 있다.

"나는 집에 간다. 이젠 안 온다."

속이 상해 눈물지으실 때는 어떤 말로 달래도 소용이 없다.

무조건 '집에 간다'는 말씀만 반복하신다. 댁에 모셔 드리겠다며 차에 모시고 동네를 한 바퀴 도는 동안 왜 화를 냈는지 잊어버려 다시 모시고 오면 아무 일도 없었던 듯 생활하신다. 그렇게 진정되는 모습이 다행스럽기도 하고 한편으로 마음이 아프기도 하다.

"어르신, 맛있게 드세요. 밥이나 반찬이나 부족하면 얼마든지 더 드릴 테니 말씀하세요."

매일 똑같은 이야기로 식판을 나눠드리면 '고맙다'는 인사와 함께 식사가 시작된다. 잡곡을 섞은 밥은 주로 고혈압이나 당뇨병을 앓는 분들께 드리는데 혈당수치가 높은 분들은 꼭 잡곡밥을 달라고 하신다. 간혹 밥에 잡곡이 적게 섞였다고 완전히 잡곡으로만 지은 밥을 도시락으로 가져와 드시는 분도 계신다. 당뇨수치가 높지만 잡곡밥은 먹기 싫다고 하는 분은 보호자와 의논해 원하시는 대로 하얀 쌀밥을 드린다.

이숙자 어르신은 혈압이 높은 분이라 짜지 않게 식사를 해야 한다고 설명을 해도 소금이나 된장을 가지고 와 섞어 드신다. 몇 차례 그러지 마시라 권해도 듣지 않으시면 눈감아 드릴 수밖에 없다. 그리고 옆자리 어르신이 흰밥을 드시니 '나도 흰밥을 달라'고 하셔서 흰밥을 드리면 얼마 지나지 않아 다시 잡곡밥을 달라고 하신다. 그날그날 기분에 따라 식이를 달리하신다. 한 번은 다른 분들이 다 드신 후에도 혼자 덜 드셔서 직원에게 물으니 밥에 섞인 잡곡을 일일이 골라내고 계신다고 했다.

"어르신, 다음에는 흰밥을 드릴까요?"

"그건 아닌데 쌀을 씻을 때 물 위에 뜨는 찌꺼기를 안 버리고 그대로 밥을 해서 찌꺼기가 밥에 섞여 먹을 수가 없어."

그런 일은 없다고 아무리 설명을 해도 어르신이 한번 그렇다고 생각하면 그게 진실이 되어버리니 답답한 노릇이다. 보리와 현미를 섞어 잡곡밥을 짓는데 백미보다 거친 현미를 찌꺼기라고 생각하고 일일이 골라내는 것이었다. 식판을 수거하며 영양사가 상냥하게 그건 찌꺼기가 아니라고 설명을 하니 고개를 끄덕이기는 하셨지만, 마음으로부터 불신이 해소되었는지는 알 수 없다.

"오늘은 삼계탕을 끓였어요. 수박도 같이 나왔으니 맛있게 드세요."

"더운데 고생했네. 잘 먹을게요."

즐거운 미소가 입맛을 돋운다. 초복에 어르신들께 절기에 대한 옛 기억을 회상하도록 찹쌀, 대추, 인삼, 마늘 등의 재료들을 넣고 삼계탕을 푹 끓여 널찍한 대접에 담아 차려냈다. 오랜만에 보신한다며 반기는 분, 콩 종류를 못 먹는다고 녹두를 넣지 말라고 하는 분, 절에 다닌다고 고기를 못 먹는다고 하는 분, 대추는 가려내고 먹어야 한다고 주장하는 분, 대추를 골라 씨만 쏙 빼고 맛있게 드시는 분, 찹쌀을 많이 넣으라고 하는 분, 식성도 요구도 다양하다. 인원수만큼 솥을 걸고 기호에 맞춰 식사를 대접할 수는 없으나 개인의 식습관에 맞춰드리려 나름대로 애를 쓰고 있다.

개인별 식판을 놓을 때도 주의를 많이 기울여야 한다. 김치 한 가지에 대한 요구도 다양하다. 다른 반찬은 손대지 않고 김치만 드시는 어르신에게는 다른 반찬은 모양으로만 놓아드리고, 김치를 다른 분의 세 배 정도 놓아드리면 고기도 생선도 안 드시고 김치만 밥에 비벼 드신다. 김치를 길게 잘라 달라고 하시는 분도 계신다. 김치의 줄기부분만 달라고 하시는 분을 기억해서 챙겨드려야 하고 매운 것을 못 드시는 분에게는 물김치를 드려야 한다. 평생 절에 다녔다고 마늘, 양파, 파와 육류를 뺀 음식을 원하는 분의 식성에도 맞춰 제공하고 있다. 밥을 많이 드시는 분을 기억해야 하고 특별히 적게 드시는 분도 기억해야 한다.

치매가 심해진 어르신 중에는 본능이라고 생각하는 식사조차 잊어버려 음식을 거부하거나 입을 앙다물고 열지 않아 식사 수발을 들 때마다 곤욕을 치르기도 한다. 언젠가 언론에서 요양병원의 식사시간에 밥과 반찬을 모두 섞어 어른들께 드린다고 '노인인권에 반하는 처사'라고 보도한 적이 있다. 밥을 먹여 드리려면 온갖 방법으로 입을 벌리게 하고, 재빨리 숟가락을 입에 넣어 한 숟가락이라도 더 드시도록 해야 하기에 밥 따로 반찬 따로가 현실적으로 어려운 경우도 있다. 같은 사실도 어떻게 보느냐에 따라 다를 수 있다.

조순주 어르신은 성격이 매우 쾌활한 어르신이었다. 치매가 심해지면서 식사에 대한 개념이 없어졌고 국이나 반찬을 손으로 주무르기 일쑤였다. 밥을 떠 입에 넣어 드리려고 하면 입을 꼭 다물고 벌리지 않으니 밥을 드리는 게 큰 어려움이었다.

"어르신 어서 밥 먹고 영주 오나 기다려 봐요."

어르신은 사랑하는 딸 이름에는 부분적으로 반응해서서 그 말을 받아 "영주~" 하고 입을 벌리는 순간 숟가락을 재빨리 입에 넣어 한 숟가락을 받아 드시게 했다. 그런 식으로 한 끼 식사를 마치려면 많은 시간이 소요된다. 그래도 다 드시고 나면 큰 숙제를 마친 듯한 뿌듯함이 있었다.

한 번 배식된 밥과 반찬은 모두 버려지기 때문에 처음부터 반찬을 많이 담지는 않는다. 적당하겠다 싶을 만큼 담고 여분의 반찬은 식사하는 상태를 살피며 그때 그때 부족한 것을 더 담아드린다.

반찬마다 호불호가 있어 버려지는 잔반을 줄이기 위한 방편이지만 이를 불편하게 여기는 분들도 간혹 있다. 육류를 선호하는 분들은 고기를 많이 담아주길 원하는데 남자 분들은 체면을 차리는 건지 더 달라고 말씀하는 경우가 잘 없다. 그냥 드리는 대로 드시고 마는데 이를 눈치 챈 영양사가 남자 어르신들에게는 반찬을 더 많이 담아드린다. 여자 분들은 고기를 많이 남기고 채소를 좋아하는 분들이 많아 나물이나 김치 등을 추가로 요청하신다.

잔반이 없이 빈 식판이 회수될 때는 기분이 좋다.

멀리서 식사하는 모습을 바라보면 간혹 직원에게 들키지 않으려 애쓰며 몰래 가져온 반찬을 드시는 분들이 있다. 집에서 반찬을 싸오지 말라고 당부를 드려도 맛있는 유혹 앞에는 별 소용이 없다. 맛있는 것이 생기면 집에서 혼자 먹기보다 동료들과 나누어 먹고 싶어 가지고 오는 마음을 알기에 못 본 척 넘어가는 경우도 많다. 직원들에게도 한두 번은 그냥 넘어가 주자고 말을 하지만 공공연하게 가져오는 경우는 주의해 달라고 부탁한다. 겨울 김장철이 되면 쭉쭉 찢어 먹는 김치를 가지고 오는 분들이 종종 있다. 사실 김장김치는 여러 명이 같이 먹어야 맛있긴 하다. 그럴 때면 학창시절 선생님 몰래 도시락 까먹던 생각이 난다. 어르신들도 하지 말라는 걸 하면서 더 재미를 느끼는지도 모르겠다.

정분희 어르신은 오른쪽 편마비로 인해 평소에 안 쓰던 왼손으로 식사를 하려니 어려움이 많다. 숟가락에 밥과 반찬을 올려놔 드리면 숟가락을 집어서 드신다. 돌봄의 목표가 자립인 만큼 가급적이면 어르신들 스스로 하도록 유도해 현재 남아있는 기능을 유지할 수 있도록 돕는다.

정분희 어르신보다 연세도 많고 편마비 정도도 심한 고미주 어르신은 반찬을 잘게 잘라 드리면 도움 없이 혼자서 다 드실 수 있다. 비빔밥이 점심메뉴로 나온 날 갖가지 나물을 잘게 잘

라드리고 행동으로 '비벼 드릴까요?' 여쭈었더니 고개를 저으며 혼자 하겠다고 하셨다. 스스로 하겠다는 의지가 남다르다. 어르신은 뇌졸중으로 정확한 발성이 안 된다. '음-음-' 하는 소리를 듣고 몇 가지 추측할 수 있는 단어를 말씀드리면 고개를 끄덕이거나 가로저으며 의사소통을 하는데 도움을 받지 않겠다는 의지가 강하시다. 7년여 입원기간 동안 수많은 연습과 훈련, 그리고 좌절을 딛고 이만큼 기능을 회복하신 것을 알기에 가급적이면 도움을 최소화하고 잔존기능을 유지하시도록 돕고 있다.

  어르신은 뇌졸중으로 쓰러진 후 7년을 병원에서 지내셨는데, 퇴원하면 집에서 생활이 가능할지 확신이 없어 그 긴 세월 동안 가족들이 돌아가며 간병을 하고 입원을 이어왔다고 했다. 입소 상담을 하면서 집으로 모셨을 때의 생활에 대해 가족들도 자신이 없었고, 센터에서 어르신을 잘 모실 수 있을지 확신이 서지 않아 망설였으나 일단 센터에서 운동을 시도해보기로 했다. 상담을 하고 며칠이 지난 후 퇴원 날짜가 정해졌다고 연락이 왔을 때 은근히 걱정이 되었다. 센터를 이용하다가 안 되면 다시 입원을 한다는 전제하에 입소하기로 했다.

  어느덧 센터에 출석한 지 여섯 달이 되어 가는데 잘 웃으시고 표정이 많이 밝아지셨다. 가족들도 처음 한 주간은 불안하다며 아들이 모시고 오더니 이제는 센터를 믿고 가족들도 편안하게 지낸다고 한다. 매일 교대로 간병을 했던 가족들에게도 자유가 주어졌다. 어르신의 언어를 부분적으로 이해하게 되어 간단한 소통은 이루어지고 있고 어르신은 편안한 모습으로 지내고 계신다.

모두 식사를 하는데 나만 우두커니 다른 사람들 식사하는 것을 구경만 해야 한다면 기분이 어떨까? 식판에 놓이는 이름표가 사라지면 이런 낭패스러운 상황이 발생한다.

하필 연세가 제일 많은 96세 이현무 어르신의 식판이 빠진 채 배식이 시작되었는데 아무도 알지 못했다. 밥차에 실렸던 마지막 식판까지 모두 나눠 드린 후에야 어르신의 식판이 빠졌음을 발견했다. 모두 죄인 된 마음으로 어르신께 죄송하다고 거듭 사과드리고 급하게 식사를 준비해 드렸으나 이미 노여움은 한계를 넘어서 있었다. 식사를 거부하셨다. 그리고 내일부터 데리러 오지 말라고 하셨다. 집에 갈 때도 송영 차량을 타지 않겠다고 하고 혼자 나가 버리셨다.

화가 많이 나신 것 같아 저녁에 어르신 댁으로 찾아가 사과를 드렸다. 마음이 안 좋아서 며칠간 쉬어야 되겠다고 하셨고 3일간 결석하고 거듭된 사과에 못 이긴 척 다시 출석을 하셨다. 그 후로는 무조건 어르신의 식사를 최우선으로 드리려 신경을 쓴다. '많은 사람의 밥을 차리다보니 이름표가 하나 빠졌구나'라고 생각하지 않고 '나를 무시하는구나'로 비약해 생각하신다. 절대로 그런 게 아니라고 사과를 하고 또 해도, 마음을 풀고 넘어가 주는 데는 상당한 기간이 필요하다.

"여기 커피 주이소~"

점심 식사를 마치면 자연스럽게 나오는 메아리다. 점심 식사 후 하루에 한 차례만 커피를 드린다. 커피를 마시면 잠이 안 온다거나 건강상의 이유로 거절하는 분이 아니면 매일 한 잔은 드리는데, 식사 후에 드시는 한 잔의 커피를 어르신들은 매우 즐거워하신다.

92세의 양혜원 어르신은 평소 말수도 적고 조용히 지내시는데 식사는 두세 순가락밖에 안 드셔도 커피는 반드시 챙겨 드시는 분이다. 그런데 얼마 전 함께 사는 손녀가 전화를 했다.

"할머니께 커피를 드리지 마세요."

그 좋아하시는 것을 드리지 말라니 무슨 일인지 물었더니 저녁에 잠을 안 주무시고 옷장을 뒤지고 이 방 저 방을 왔다갔다 배회하셔서 온 가족이 잠을 못 잤다고 했다. 치매증상이 나타나는 것이다. 밤에 못 주무셨으니 낮에 센터에서는 피곤하다고 운동도 안 하고 주무시고 밤에는 잠이 안 와서 온 식구를 깨우고 이상행동을 하는 것이다.

"나도 커피 한 잔 도고."

어르신은 여전히 식사 후에 커피 한 잔을 요청하신다. 이를 거절해야 하는 안타까움에 그저 "죄송해요. 죄송해요." 하며 자리를 피한다.

"한 잔 먹는 건 괜찮다."

서운함 가득한 어르신의 요청을 거절하고 돌아서기가 참 힘들다.

휴식이란 무엇일까,
해도 문제 안 해도 문제 '목욕'

식사시간이 끝나면 오전 활동으로 힘들었던 몸을 편안히 뉘어 휴식을 취한다. 온돌방에서, 침대에서, 간이침대에서, 생활관 의자에서 각자 편한 자리에서 쉬거나 조용히 앉아서 대화를 나누기도 하고, 낮에 자면 밤에 못 잔다며 쉬기를 거절하고 안마기나 발 마사지를 하는 등 각자의 방식대로 휴식시간을 갖는다. 이렇게 각자의 자리를 찾아 누워서 쉬는 것은 여자 분들이고 남자 어르신들은 누워서 쉬는 분이 거의 없다. 많은 분들이 안마기에서 휴식을 취하거나 휴식시간에도 운동을 하는 분이 많다.

개원하고 두 달가량 지났을 무렵 조인순이라는 여자 어르신이 입소를 하셨다. 입소 당시 보호자인 아들이 어머니의 성격이 좀 까다롭다고 말을 했는데 겪어보니 아주 특별한 성격이었다. 센터에서 진행되는 모든 일이 당신의 마음에 들어야 되고 어르신이 원하는 사람은 곁에 앉아야 했다. 마치 우주가 어르신을 위해서 돌아가고 그 주인공이 되어 가운데 자리를 차지해야 직성이 풀리는 분이었다.

"오늘은 윷놀이를 하겠습니다."

사회복지사가 윷판과 윷가락을 준비했는데 조인순 어르신이 하기 싫다고 하시면 진행이 되지 않는다. 계획된 것을 한 분 때문에 중단할 수는 없으니 계속 진행을 유도했다.

"어르신 같이 해요."

"나는 안 할 거니까 신경 쓰지 말고 다른 분들이나 재미있게 하이소."

어르신의 차가운 표정을 보면서 흥겹게 윷놀이를 할 용기 있는 분은 없었다.

"오늘은 다른 거 합시다."

다른 어른들도 조인순 어르신의 눈치를 보았다. 매사 이렇게 어르신이 원하는 대로만 해야 웃으셨다. 운동시간에도 여가프로그램 시간에도 듣고 싶은 말만 해야 하니 다른 어르신들이 모두 불편했지만 워낙 성격이 강한 분이라 눈치만 보며 불안하게 지내야 했다. 여자 어르신은 물론 남자 어르신들도 함부로 말씀을 못하셨다. 직원이 나서서 간섭을 하면 두고두고 그 사람에 대해 안 좋은 말을 하고 다니니 직원들도 함부로 나서지 못했다.

휴식시간에도 마음 편하게 누울 수가 없어 그분 곁에는 눕고 싶어 하는 분이 없었다. 괜히 꼬투리 잡혀 불편하기 싫은 것이었다. 그러나 그분께 선택된 분은 싫어도 그분과 함께 다니고 옆자리에 누워 이야기 상대가 되어야 했다. 이대로 다른 어르신들이 상처를 받아서는 안 되겠다 판단을 하고 먼저 보호자께 연락을 취했다. 상황을 설명하고 모든 어르신들이 편안하고 즐겁게 생활을 하셔야 하는데 조인순 어르신으로 인해 모두 불편을 느끼고 있으니 어르신이 지내시기 좋은 시설로 전원을 해주면 감사하겠다고 정중하게 부탁을 했다. 보호자는 이전에 다른 시설에서도 그와 같은 일들이 있었다며 이해를 했다. 다른 시설을 알아볼 시간도 필요하니 어머니를 설득할 시간을 달라고 했다.

원만하게 어르신을 내보낼 계기를 만들어야 되겠다고 생각하고 기회를 살폈다. 며칠 후 점심식사 후에 평소 누워 쉬던 평상에 조인순 어르신은 안 계시고 다른 어른들만 조용히 누워계셨다.

'오늘이다.'

행동에 옮기기로 마음먹었다. 평상에서 쉬시던 분들께 '날씨가 추우니 따뜻한 방에 들어가서 쉬시라'며 이동을 권했다. 전에 없던 행동을 하니 어르신들이 무슨 일인지 어리둥절하여 쳐다보셨다. 평상 자리에는 조인순 어르신과 자유를 잃은 김미숙 어르신 두 분만 남도록 만들어 놓고 두 분이 오시길 기다렸다. 어르신께 도발을 했지만 반응이 어떨지 몰라 가슴이 두근두근 거렸다. 양치질까지 마치고 평상시처럼 자리에 누우러 오셨던 어르신의 날카로운 눈초리가 분위기를 압도했다. 생활관 분위기가 냉랭해졌다.

"어르신들 따뜻하게 잘 쉬시고 선생님들도 식사하러 가세요."

마음은 떨렸지만 아무렇지도 않은 척 모두 들으라고 큰 소리로 태연하게 말했다. 폭풍전야 같은 긴장감이 느껴졌다. 아니나 다를까 어르신이 냉랭하게 물으셨다.
"센타장! 우리 둘만 남겨 놓은 거 무슨 뜻인데?"
"별다른 뜻은 없어요. 그냥 겨울이니까 추우실까봐 감기 걸리면 안 되잖아요. 따뜻한 방에서 쉬시라는 거지 무슨 뜻이 있겠어요. 어르신도 추우면 방으로 들어가세요. 방에 아직 자리가 있을 걸요."
웃으며 친절하게 대답을 했다. 뭐라고 트집을 잡을 수도 없고 선제공격에 당황한 모습이 역력했다. 어르신 곁에 있으면 설명이든 변명이든 해야할 것 같아 모른체하고 자리를 벗어났다. 안 보는 척 하며 멀리서 살펴보니 누웠다 일어났다를 반복하며 화를 주체하지 못하셨다. 고함을 지르며 소동을 부릴 것 같아 걱정을 했는데 그러지는 않으셨다. 가엾은 김미숙 어르신은 이러지도 저러지도 못하고 가만히 누워계셨다. CCTV를 통해 계속 어르신의 모습을 지켜봤다. 그날은 조용히 넘어갔다. 이튿날 집에 볼일이 있어 결석을 할 것이라는 통지를 하셨고 그 다음 날부터는 못 나온다는 통보를 하셨다. 그날부터 여가프로그램 시간에 자유롭게 각자 의사를 표현하고 즐겁게 웃으며 활동하는 어르신들의 모습을 보며 진작 결단하지 못했음을 후회했다.

"집사람이 센터에 나간 지 며칠 안 돼 잘 몰라서 그러는데, 혹시 목욕하는 데 따라가 씻겨줄 사람을 구할 수 없을까요?"

"목욕은 저희 센터에서 주 1회씩 시켜드립니다."

"아이고 그래요? 반가운 소리네요. 내가 씻길 수도 없고 매번 딸을 부를 수도 없어 걱정했는데 해결이 됐네요."

주야간보호시설은 주 1회 어르신들께 목욕서비스를 제공한다. 일과 중 순서에 따라 한 분씩 씻겨드리고 손발톱도 정리해드린다. 입소 초기에는 부끄럽다고 거절하는 경우도 있지만 익숙해지면 매우 중요하게 여기고 모두 기다리신다. 지정된 요일마다 진행되는데 순서 때문에 매우 예민하게 반응하는 분들도 있다. 이번 주에 일찍 하면 다음 주에는 늦게 하는 식으로 공평하게 순서를 정한다. 공평하게 하고 있다고 설명을 드려도 '지난주에 늦게 했는데 이번에도 또 늦다'고 불만을 드러내는 분들이 있다. 지난주에 먼저 하셨다는 기록을 보여 드려도 그건 인정하지 않고 '무조건 지난주에 늦게 했다'고 우기신다. 다른 분들과 함께 운동하고 계시면 순서에 따라 씻겨 드린다고 마음 편히 계시라 해도, 목욕실 문 앞에 지키고 앉아 순서가 늦다며 계속 불평을 하신다.

목욕 당번 직원은 많은 인원을 씻어드리느라 힘드는데, 문 앞에서 순서 때문에 불평하고 계시니 감정이 격해질 수 있으련만 최대한 부드럽게 어른들을 달래며 속내를 드러내지 않는 모습이 정말 고맙다.

목욕을 먼저 하겠다고 힘들게 하는 분도 있지만 이런저런 이유 같지 않은 이유로 목욕을 회피하는 분은 더 힘들다. 유지순 어르신은 한 번도 선뜻 목욕을 하신 적이 없다. 목욕실 입구까지 모시고 와도 휴게실로 들어가 버리기 일쑤다.

"선생님, 내가 머리가 아파요. 조금만 쉬었다 올게요."

한 분 더 씻겨드리고 다시 어르신을 모시고 오면 또 들어가 버리신다.

"머리 아픈데 사탕이라도 하나 주이소."

사탕을 먹으면 머리 아픈 게 낫는다는 아리송한 어르신의 주장이다. 사탕도 드리고 과자도 드리고 갖은 좋은 말로 회유도 해본다. 수차례 휴게실과 목욕실을 사탕과 과자를 들고 왕복을 한 후 목욕을 성공하는 날은 다행이지만 아무리 실랑이를 해도 실패하는 날도 많다. 집에서도 잘 안 씻으려 하신다고 보호자는 어떻게든지 목욕을 시켜달라고 부탁을 하는데 목욕하는 날마다 어르신과의 실랑이가 담당 직원들을 지치게 한다. 하지만 목욕하는 날 모두를 긴장하게 하는 분은 따로 있다.

최영숙 어르신은 치매가 심한 여자 어르신인데 입소하시던 날 넓은 실내를 휘 둘러보시더니 한마디 하셨다.

"이 집 주인이 누고?"

"접니다." 별생각 없이 대답했다.

"건방지게 거짓말 하고 있어! 왜 거짓말 해?" 고함을 치며 화를 내셨다.

"……" 생각지도 못한 반응에 당황했다.

"주인 나오라고 해."

"주인은 지금 여기에 없어요."

"뭐, 없어? 왜 없어?"

"집주인은 볼일이 있어서 나가고 지금은 없어요."

"내가 이 집 주인이야~"

"????"

"내가 주인이라. 내가 이 집 주인인데 왜 거짓말을 해."

힘이 없어 걸음도 휘청휘청 넘어질 듯 걷는 분이 목소리는 어찌나 쩌렁쩌렁한지 분위기를 확 휘어 잡으셨다. 설명도 설득도 필요 없는 상황이라 그날은 그냥 그렇게 넘어갔는데, 목욕하는 날만 되면 언제나 문제가 폭발을 했다. 목욕이라는 단어만 나오면 고함을 치셨다.

"누가 남의 집에서 목욕을 해!"

"물값도 안 내면서 왜 남의 집에서 목욕을 해."

한두 마디하고 마는 것이 아니라 불안정한 몸짓으로 목욕을 못하게 적극적으로 저지하셨다. 목욕을 못하게 막아야 한다는 어르신을 겨우 재활운동실로 모셔놓고 다른 어르신들 목욕을 시켜야 했다. 그 후로 어르신이 계시는 곳에서 '목욕'이라는 단어는 금지어가 되었다. 직원들은 자신도 모르게 '목욕'이라고 하다가 깜짝 놀라 입을 가리고 어르신의 동태를 살피게 되었다.

어르신의 내 집에 대한 애착은 목욕뿐만이 아니다. 어쩌다가 전깃불이 켜져 있는 것을 인지하면 예의 큰 소리가 튀어나온다.

"불 꺼! 누가 불 켰어?"

선풍기가 돌아가는 것을 발견해도 여지없이 고함을 치신다. 보호자에 따르면 알뜰살뜰 아껴가며 아주 어렵게 집을 장만하셨고 그 집에 대한 애착이 매우 크셨다고 한다. 요즘은 사회전반적으로 전깃불을 아끼고 수돗물을 아끼는 것에 대한 의식이 많이 옅어졌지만 30~40년 전 절전 절수를 많이 강조했던 시절이 있었다. 그것에 익숙한 어르신이 전등 하나라도 아껴주는 마음은 감사하나, 목욕할 때마다 어르신의 동정을 살펴야 하고 어르신이 다가오시면 아무리 더워도 선풍기를 꺼야 하는 것은 매우 신경 쓰이는 일이다.

이틀에 걸쳐 여자 요양보호사들이 여자 어르신들을 목욕시켜드리고, 또 이틀은 남자요양보호사들이 남자 어르신들을 목욕시켜 드린다. 깨끗한 모습으로 목욕실을 나오는 어르신들을 뵈면 기분이 좋다가도 땀을 뻘뻘 흘리며 어르신들을 씻겨드리고 나오는 직원들을 보면 안쓰러운 마음이 크다.

"선생님들, 수고하셨어요. 시원한 커피 드릴까요? 얼음 탄 음료수 드릴까요?"

미안한 마음에 오늘도 공연히 큰 소리로 인사를 한다.

숨 가쁜 하루가 지나고
집으로 가는 길

    3시가 되면 여가프로그램을 진행한다. 게임이나 공놀이, 체조 등 신체기능 향상을 위한 놀이를 주 3회, 인지기능의 유지 및 향상을 위한 인지활동형 놀이를 주 3회 정도, 사회적응을 위한 미술활동이나 작업 활동은 주 1회 실시한다. 코로나19 이전에는 많은 외부봉사자들이 다양한 공연으로 어른들께 큰 즐거움을 드렸지만 코로나가 지속되면서 외부 강사나 공연단 초청은 중단되고 사회복지사들이 프로그램을 진행한다. 즐거움과 기능 향상이라는 두 마리 토끼를 다 잡아야 하는 중요한 시간이기도 하다.

    여가프로그램 시간이 끝나면 직원들과 어르신 전원이 음악에 맞춰 국민체조를 한다. 초등학생부터 전 국민이 동일한 동작으로 하던 국민체조 음악이 나오면 어르신들은 '이제 하루를 마무리하는구나'라는 인식을 하게 된다.

    "국민체조 시~작!"

익숙한 구령에 맞춰 일어서서 하시는 분, 앉아서 하시는 분, 각자의 자리에서 각자의 기능상태에 따라 체조를 한다. 진지하게 하시는 분도 있고 무성의하게 팔만 흔들흔들 하는 분도 있다. 동작을 시범보이고 방법을 알려드리기는 하지만 하기 싫다는 분을 강요하지는 않는다.

4시 30분이 되면 점심 식사 후부터 영양사와 조리사들이 정성껏 준비한 저녁 식사를 한다. 저녁 식사를 하기에는 이른 감이 있지만 식사 후 정리하고 어르신을 댁에까지 모셔 드려야 하는 주간보호시설의 특성상 다른 대안이 없다. 대부분 식사를 잘 하시지만 간혹 집에 가서 식구들과 함께 먹는다고 거절하는 분도 계시고 식사를 한두 숟가락만 하고 다른 어르신께 드리는 분도 계신다. '입맛이 없어서'라고 하시지만 사실은 집에 가서 좋아하는 반찬과 거하게 한상 드신다는 것을 알고 있다.

"식사 잘 하셨어요? 오늘도 즐겁고 안전하게 마무리하게 되어 감사합니다."

매일 하는 말이지만 진심이다. 몸과 정신이 불편한 백여 명 어르신들이 온종일 움직이기 때문에 아찔한 순간은 수도 없이 많지만 무사히 하루를 지내고 마무리 인사하는 순간이 진심으로 감사하다.

"이제부터 차례차례로 성함을 불러드릴 테니 호명된 분만 나오세요."

옷매무새를 정리하고 소지품을 거머쥐고 마이크에서 본인의 이름이 호명되기를 기다린다. 먼저 미니버스에 타실 분들을 차례차례 부르고, 현관까지 손잡아 모신 후 신발을 갈아 신겨 드리고, 차량에 탑승하여 안전벨트를 매기까지 직원들이 동행한다. 어르신들과 직원들이 복잡하게 움직이는 상황이므로 낙상사고의 위험이 높아 주의해야 하는 시간이다. 첫 번째로 호명된 분들이 차례차례 차에 타면 두 번째 차량에 오를 탑승자를 부르고 세 번째, 네 번째, 차례대로 이어진다. 매일 반복적으로 진행되는 과정인데 매일 반복적으로 흐름을 끊는 분들이 있다.

"내 이름은 왜 안 불러!!"

서민철 어르신의 날카로운 음성은 매일 같은 순서에 치고 나온다.

"어르신 아파트로 가는 차가 아직 안 왔어요. 차가 오면 제일 먼저 불러드릴게요."

반드시 불러드리겠다는 다짐을 한 번 더 받고 나서야 자리에 앉으신다. 복잡한 어르신들 사이로 재빨리 움직여 밖으로 나오는 분도 정해져 있다.

"어르신, 위험하니까 순서 되면 부를 테니 자리에 앉아 계세요."

"요기 앉아 있을게요."

순식간에 현관의 몇 안 되는 의자에 앉아 버리는 분도 정해져 있다. 호명되기 전에 미리 나오면 다른 분들과 혼동이 되어 엉뚱한 곳으로 갈 수도 있고, 복잡한 중에 부딪혀 넘어질 수도 있다고 아무리 설명을 하고 부탁을 해도 몇몇 분의 순서를 무시하는 행동은 매일 반복 된다.

"계속 불러! 왜 부르다가 가만있어?"

정해진 대사를 정해진 시간에 하시는 분도 정해져 있다. 여기가 내 집이라고 주장하는 최영숙 어르신이다. 치매가 심한 어르신이라 순서대로 출발하기까지 시간이 걸린다는 것을 이해할 능력이 없다. 그래서 거의 같은 시간에 정해진 배역의 어르신들이 똑같은 대사를 하며 하루하루 무대를 마감하신다. 처음에는 설득하고 설명하며 애를 썼지만 아무 소용없음을 경험하고 나서는 포기하게 되었고, 지금은 감정의 요동 없이 매일 반복되는 어르신들의 대사에 응할 수 있게 되었다.

치매가 심해진 이송자 어르신은 온종일 배회를 하시는데 저녁 식사 후 댁으로 모셔 드리려고 찾으면 항상 제일 구석방에서 경계의 눈빛으로 앉아 계신다. 기분이 좋은 날은 쉽게 따라 나서지만 그렇지 않은 날은 앞뒤가 안 맞는 말씀을 하시며 거부하거나, 차량이 아직 준비되지 않았는데 도로로 나가시려고 해 긴장감을 늦출 수가 없다. 자꾸 밖으로 나가려 하는 것을 제지하던 중 어르신은 차에 타면 가만히 앉아 계신다는 것을 알게 되었다. 그 후로 통제가 힘들 때는 순서에 관계없이 어르신을 먼저 차에 태워 앉아 계시게 한다. 그러면 별문제 없이 무사히 댁에 모셔드릴 수 있다. 댁에 가면 배우자께서 마중을 나오신다.

"잘 갔다 왔어요?"

항상 존댓말로 먼저 인사를 하시면 어르신이 대답을 하신다.

"아부지, 갔다 왔어요."

남편에 대한 기억은 없어지고 어렸을 때 봤던 아버지 연배 어른을 아버지로 인지하는 것이다. 아들을 오빠라고, 딸을 언니라고 부르기도 하신다.

김재순 어르신은 수술부작용으로 하지근력의 손상을 입어 스스로 일어서지 못하신다. 처음 센터에 오실 때도 휠체어를 타고 오셨다. 자택은 다세대주택의 2층으로 엘리베이터가 없는 건물이다. 업어서 모셔야 된다는 보호자의 말에 매일 송영이 가능할지 자신이 없어 좀 더 두고 보자고 정확한 답변을 하지 않은 상태에서 보호자가 어르신을 모시고 와서 입소하셨다. 어르신을 보니 체중이 50kg 정도일 것 같고 인지기능도 양호한 상태라 시간을 갖고 서로 적응하면 모시는 데 큰 어려움은 없을 것 같았다.

저녁 식사를 마쳐갈 즈음에 아들이 어머니를 모시러 왔다며 어머니 앞에 등을 턱 갖다 대고 업히시라고 했다. 자주 그러셨던 듯 어르신은 자연스럽게 아들의 등에 업히셨다. 아들에게 업힌 어르신의 얼굴이 환해졌다. '최고의 세단에 타면 표정이 저렇게 행복할 수 있을까?' 어르신은 귀한 외아들의 등에 업혀 가시면서 그 누구의 자가용도 부럽지 않으셨을 것이다.

나이가 들면 어린아이가 된다는 말들을 하는데, 집에 가는 차가 우리 집을 먼저 가는지 다른 집을 먼저 가는지에 예민한 분들이 있다. 노선이 그렇겠거니 이해해주시는 분들께는 상대적으로 고마움을 느낀다.

"늘 이해해주셔서 감사합니다."

"집에 일찍 가도 할 일도 없는데요, 뭐."

늘 든든하게 응원을 해주시니 진심으로 감사하다.

하루를 마무리한 어르신들을 모시고 집으로 돌아가는 차 안에는 오늘 하루를 돌아보는 가벼운 이야기들로 가득하다. 가장 많이 듣는 말은 '시간이 너무 잘 간다'는 것이다.

"집에 있으면 하루가 지루한데, 센터에 있으면 하루가 어떻게 가는지 모르게 빨리 가서 좋다."

"맞다. 맞다." 너나 할 것 없이 동조하신다.

어르신의 상태에 따라 집 안까지 모셔드리고 문을 잠가드려야 되는 분도 있고 가끔은 저녁 약을 드리고 이불을 깔고 눕혀드려야 되는 경우도 있다. 근래 치매가 더 심해진 김순옥 어르신을 모셔 드리던 중 아파트 계단 앞에서 어르신과 실랑이가 벌어졌다. 일곱 칸 계단을 올라가야 1층 현관문에 들어가게 되는데 운전자는 계단을 올라가 현관문 안까지 모셔드리겠다 하고, 어르신은 혼자 갈 수 있으니 걱정하지 말고 빨리 가라고 하셨다. 혼자 올라가다 넘어질까 걱정되어 여러 차례 같이 올라가기를 권했으나 처음에는 좋은 말로 사양을 하시더니 나중에는 화를 내셨다. 도저히 모셔드릴 수가 없어 돌아섰다.

"그럼 조심해서 들어가세요. 내일 모시러 올게요."

"예, 잘 가이소."

어르신의 인사를 받고 운전석에 올라앉아 어르신을 돌아보니 어르신이 바닥에 쓰러져 계셨다. 어르신을 내려드리고 가는 차를 향해 손을 흔들어 주려고 돌아서다가 넘어진 것이었다.

"아이고! 어르신!"

"괜찮다. 안 아프다."

달려가 일으키자 괜찮다고 하셨지만 바닥에 스친 왼쪽 팔꿈치와 무릎에 피가 맺혔다. 다른 사람을 수고시키지 않으려는 배려심이 어르신을 다치게 한 것이다. 매순간 낙상은 어르신들에게 가장 무서운 일이다. 보호자께 전화로 상황을 설명했다.

"아! 어떡해."

보호자의 음성에는 서운한 마음과 안타까운 마음이 묻어 있었다. 내일 병원에 모셔가 보겠노라고 하고 전화를 끊었다.

어르신들이 무사히 가족들 품으로 돌아가시기까지는 마음을 놓을 수가 없다. 집까지 모셔 드리고도 밤에 걸려오는 보호자의 전화에 늘 긴장하지만 그렇게 모두의 하루가 무사히 마감되었음에 하루하루 안도한다. 그렇게 주간보호센터의 긴 하루가 또 흘러갔다.

어르신들 모두 편안히 쉬고 내일 또 만나요!

2장

기억이 우리를 속일지라도

: 노인 돌봄 현장이야기

남기고 갈 것과
버리고 갈 것

　보행이 불가능한 상태로 요양원에 입소한 이재훈 어르신은 초등학교 교장선생님으로 퇴임하셨다고 했다. 그래서인지 자주 직원들을 불러 '삼강오륜을 말해봐라' '세속오계를 설명해봐라' '국민교육헌장을 외워봐라' '국민의 4대 권리와 4대 의무를 말해봐라' 하며 학창시절 윤리 시간에 시험 친다고 외웠던 기억밖에 없는데 단어조차 가물가물한 것들을 외워보라고 훈시를 하셨다. 대답을 못 하면 국민으로서 기본을 모른다고 호통을 치시니 그날 당번인 직원은 울상을 지을 수밖에 없었다.
　어느 날은 나를 불러 죽기 전에 자서전을 써야겠으니 출판사에 연락해 자서전을 출판할 수 있도록 하라고 하셨다. 현실적으로 출판하기 어렵다고 설명을 드렸으나 수긍하지 않으셨다. 실현 가능성이 없고 저러다가 곧 잊으시겠거니 생각하고 건성으로 '그러겠노라' 대답하고는 잊고 지냈는데 며칠 후 다시 자서전을 거론하셨다. 그냥 해보는 말씀이 아니었다.

"현실적으로 출판을 하려는 출판사를 찾기가 어렵습니다."

"일정 분량의 내용을 써주셔야 해요."

"많은 부수를 발행해야 하니 아무래도 어려움이 있습니다."

이런저런 설명을 했으나 들으려하지 않으셨고 뜻이 강경했다. 자서전에 대한 집념이 확고하니 무시할 수도 없어서 가끔 방문하는 딸과 의논을 했더니 못 들은 척 그냥 무시하라고 했다. 젊은 시절 가정을 등한시하고 바깥 살림을 차려 어머니와 자녀들에게 상처를 많이 주셨고 아버지로서 신뢰를 잃은 지 오래되었다고 했다. 자신도 의무감으로 아버지를 찾아오는 것이라며 입장을 이해해달라고 했다. 그런 자녀의 뜻을 어르신께 전달할 수는 없었고 이런저런 핑계를 대며 시일만 끌었다.

어르신은 마주칠 때마다 진행이 어떻게 되어가느냐고 진행 상황을 물으셨고 나는 건성으로 둘러대며 의도적으로 피해 다녔다. 그렇게 시간을 끌다 도저히 더 이상 피해 다닐 수도 없고 어르신도 대충 넘어가지 않으실 것 같아 어떻게라도 해결을 해야 되겠다고 궁리를 하던 중 어르신이 원하시는 것과 비슷한 것을 만들어 드릴 수 있겠다는 생각이 들었다.

어르신께 두툼한 공책 한 권과 사인펜을 사다 드렸다. 시력도 매우 약하고 손에 힘이 없어 볼펜으로 쓴 글씨는 어르신이 쓰면서도 알아보지 못하실 것 같아 사인펜을 선택했다. 공책에 어린 시절부터 지금까지 겪은 이야기를 허심탄회하게 적으시라고 했다. 어르신은 무척 기뻐하셨다. 그날 이후 어르신은 진지하게 글을 쓰셨다. 문제는 꼬불꼬불 적힌 글씨를 다른 사람은 물론 어르신도 읽을 수가 없다는 것이었다. 한 문장을 적으면 절반도 읽을 수 없었다. 손힘이 약해져 사인펜으로 써도 글씨가 제대로 되지 않았다. 그래도 자서전을 남기겠다는 어르신의 의지는 강했고 매일 열심히 쓰셨다.

보름가량 지났을까 어르신이 만면에 미소를 머금고 나를 부르셨다.

"인쇄소에 넘기고 자서전을 만들어 오라고 하세요."

"다 쓰셨어요? 정말 큰일을 하셨네요."

한껏 격려해 드리고 글을 받았다. A4 크기 공책에 이십여 쪽 내용이 담겨 있었다. 한 쪽에 대여섯 줄 정도씩, 세로줄과 가로줄로 자유롭게 적어 놓으셨다. 난감했다. 글씨 형태도 문제인데 시력이 약한 상태로 쓰셔서 그런지 문장이 여기저기로 흩어지거나 겹쳐있기도 했다. 단어를 주워 모아 암호를 해독하듯 글을 꿰어야 했다. 불완전한 단어를 주워 문장으로 엮으려 끙끙대고 있으니, 그 모습을 지켜본 직원들이 나를 보고 대단하다(?)며 웃었다.

경남 합천에서 태어나 초등학교 교사가 되었고 부모님의 강요에 의해 결혼을 했는데, 첫날밤을 지내고 아내의 얼굴을 보니 곱상하지 않고 남성적인 얼굴이 마음에 들지 않았다는 이야기가 세월을 겅중겅중 뛰어넘으며 적혀 있었다. 어르신 뜻에 맞는

글인지 아닌지는 모르겠으나 심사숙고하며 문장을 만들어 큰 글씨로 타자를 치고 사무실에서 출력을 했다. 출력물을 모아 초록 색지로 겉표지까지 붙여 제본을 했다. 두께는 얇았지만 그럴듯한 모양이 되었다.

겉표지에 '이재훈 자서전'이라고 제목을 달아 어르신께 드렸다. "고맙다. 고맙다." 어르신은 어눌한 발음으로 고마워하며 눈물을 흘리셨다. 간단하게 해결이 될 일을 차일피일 미루며 시간을 끌었던 것이 죄송스러웠다.

모든 인간은 삶의 공과와는 별개로 하고 싶은 말, 남기고 싶은 기억이 있을 것이다. 미처 다하지 못한 무언가를 남긴다는 것은 내가 사라질지 모른다는 불안을 위한 마지막 위안일까. 그 후로 어르신 방에 들어가면 어르신의 자서전이 머리맡에 자랑스럽게 놓여있었다.

80세의 고옥순 어르신이 양로원에 입소할 때 동행한 오십 대 딸은 어르신께 전혀 살갑지 않았고 표정에서는 냉랭한 느낌마저 들었다. 보통 양로원이나 요양원에 어르신을 입소시키게 되면 자녀들이 부모님께 무척 미안해하며 형편상 어쩔 수 없어 이곳에 모시게 되었노라고 온몸으로 미안함을 표현했는데, 왜 어르신과 말도 잘 안 하고 차가운 느낌이 나는지 이상했다.

어르신을 방으로 안내해드리고 간단한 짐 보따리를 정리하도록 한 뒤 어르신에 대한 기본적인 정보를 수집하기 위해 보호자와 사무실에서 만났다. 딸의 태도는 여전히 담담하고 냉랭했다.

"엄마는 내가 세 살 때 나를 버리고 집을 나갔어요."

그가 꺼낸 첫마디였다. 뭐라고 말을 이어가야 할지 당황스러웠다. 그는 담담하게 말을 이었다.

"세 살짜리를 혼자 두고 자기 살자고 나갔다가 다 늙어서 이제야 나타났어요."

젊은 나이에 사별하고 살길이 막막했던 고옥순 어르신은 딸을 두고 혼자 집을 나갔다고 했다. 딸은 보육원을 거쳐 험한 세파를 견디며 자녀를 키우고 어느덧 중년의 나이에 접어들었는데 느닷없이 자신의 삶에서 생각에도 없었던 엄마가 병든 노구를 끌고 나타나셨다고 했다. 솔직히 엄마에 대해 정도 없고 얼굴도 모르겠다고 했다. 사연을 들으니 딸의 태도가 이해되었다. 딸은 잘 부탁한다는 인사도 없이 엄마를 맡겨놓고 돌아갔다.

보호자가 돌아가고 나서 너무 어린 나이에 일어난 일이라 혹시 딸이 모르는 말 못 할 사연이 있지 않을까 하는 생각이 들어 어르신께 조심스럽게 물었다.

"어떻게 따님과 헤어지셨어요?"

"힘든데 그라면 우짜노, 나라도 살아야제. 그래서 집을 나갔다."

조금의 미안함이나 부끄러움도 없이 당당하게 말씀하시는 것을 듣고 어이가 없었다. 엄마라는 본능이 있을 텐데 어떻게 그럴 수 있는지 이해가 되지 않았고 공연히 원망스러웠다.

양로원에서 같이 생활하며 어르신의 생활태도를 보니 딸을 두고 내 한 몸 편하자고 집을 나갔다던 이기적인 모습과 연결이 되었다. 어르신은 공동체 생활인데도 당신이 하고 싶은 것만 하셨다. 몸이 불편한 경우가 아니면 모두 식당에서 밥을 먹는데 어르신은 보행이나 일상생활에 전혀 문제가 없음에도 방으로 밥을 가져다 달라고 하셨다. 식사 후에도 중환자가 아니면 식판을 밖으로 내어다 놓는데 어르신은 식판을 그대로 두고 당신 몸만 옮겨 앉으셨다. 맛있는 것이 있으면 동료 어르신 것임에도 당신이 드시고 '맛있어서 다 먹었다'고 당당하게 말씀하셨다.

무책임한 데다가 규칙이라는 것은 아예 안중에도 없는 모습을 보고 기가 막혔으나 설명을 해도 돌아앉아버리니 설명하다 화만 나기 일쑤였다. 그러다가도 외부에서 손님이 선물을 가지고 왔다고 하면 제일 먼저 나가 앉아 계시니 동료 어르신들이 싫어했지만 그런 건 전혀 개의치 않고 당신 편한 것만 챙기셨다. 조금만 아파도 병원에 입원하고 참아보려고는 하지 않으셨다.

양로원에서 삼 년가량 생활하시던 어르신은 어느 날부터 식사를 거부하셨다. 특별한 이유나 사건도 없었는데 그렇게 맛있는 걸 챙기던 분이 아무리 맛있는 걸 갖다 드려도 거절하셨다. '안 드시면 큰일 난다'고 사정을 해도 꿈쩍도 하지 않으셨다. 뭔가 단단히 결심을 하신 것 같았다. 세 살짜리 딸의 손을 냉정하게 놓아버렸던 어르신은 무슨 생각이었는지 그렇게 입을 닫고 당신 삶의 끈을 놓아버리셨다. 삶의 선택에서, 그리고 죽음의 선택에서마저 단호했던 어르신은 그렇게 아무 대답도 남기지 않고 먼 길을 떠나셨다.

자식의 이름 아래
내 마음이 지워질 때

양로원에 얼굴이 동그란 97세 김갑순 어르신이 입소하셨다. 가족은 아무도 없고 동행한 젊은 여성은 먼 친척이라고 했다. 어르신은 젊은 나이에 사별하고 자식도 없이 평생 남의 집 살림을 도와주며 살았는데 연세가 많아지니 그것도 힘들어 먼 친척 집에 얹혀살았고, 그 친척 아가씨가 결혼하게 되자 기거할 곳을 찾아 양로원으로 오게 되었다고 하셨다.

여자 혼자 감내했을 삶이 무척이나 외로웠겠다고 생각되어 마음이 많이 쓰였다. 어르신께는 방문하는 사람도 없었고 가끔 친척 아가씨가 퇴근하고 밤에 찾아와 뵙고 가곤 했다. 가끔이라도 찾아와 주는 그분에게 고마운 마음이 들었다. 어르신은 긍정적이고 온화한 성격이었다. 새로운 환경에도 잘 적응하고 양로원 생활이 생각보다 좋다고 하셨다.

양로원에서 편안하게 생활하던 어르신은 일 년쯤 지난 후 사망하셨다. 특별히 연락할 가족도 없어 간혹 찾아오던 친척 아가씨에게 사망 사실을 알렸더니 고맙게도 그분은 무척 안타까워하며 장례식은 자신이 알아서 하겠다고 했고 인근 병원 장례식장에 빈소가 마련되었다. 가족도 없이 평생 외롭게 사셨던 어르신의 마지막 가시는 길이 외롭지 않도록 정들었던 직원들이 모두 문상을 갔다.

그런데 장례식장에 의외로 손님이 많은 것이 의아해 가끔 양로원을 방문했던 그 친척 분에게 가족 관계를 물었다. 그랬더니 자신은 먼 친척이 아니라 어르신의 외손녀라고 했고 어르신의 따님, 즉 자신의 어머니를 소개해주었다. 예전 설명과는 달리 어르신은 딸을 하나 낳은 뒤 사별한 것이었다. 더욱 우리에게 충격을 준 것은 행정고시에 합격하여 고급 공무원이 된 외손자의 존재였다. 어르신은 한 번도 딸이나 손자에 대해서 말씀하신 적이 없었다. 자식에 대한 그리움이 얼마나 컸을지 생각하니 공연히 화가 나 굳은 얼굴로 문상을 마치고 나왔다. 어르신은 외손녀를 통해 딸과 손자에 대해 소식을 들었으나 혹시라도 당신의 존재가 관직에 있는 손자에게 해가 될지 모른다는 생각을 하셨던 것일까?

텅 비어있을 빈소를 생각하며 조문을 갔던 우리는 알지 못할 배신감을 느꼈다. '할머니를 잘 모셔 주어 고맙다'며 처음 보는 손자는 우리에게 정중하게 인사를 했고, '장례식을 마치고 양로원으로 꼭 인사하러 가겠다'고도 했다. 평소에 어르신을 방문하지 않던 분이 돌아가신 후에 인사를 하는 경우는 본 적이 없었지만 저렇게 진정성 있게 말을 하니 어쩌면 할머니 생전에 생활하셨던 곳을 찾아올 수도 있겠다고 생각했다. 그러나 역시 어르신의 가족들은 장례식장에서 본 것이 마지막이었다.

"저 담만 넘어가면 우리 집이다."

70대 중반의 장월선 어르신은 치매의 문턱을 밟고 계신 분이었다. 약을 드시면 일상생활에 아무 문제 없이 잘 지내시는데 치매약이 떨어지면 복도에 물이 흐른다며 문을 붙잡고 물이 많아 복도에 못 나간다고 안절부절하셨다. 그리고 담 너머에 있는 집에 가야 한다며 자꾸 밖으로 나가려고 하셨다.

평생 남부럽지 않게 부유하게 사셨고 자녀들도 결혼식장을 운영하거나 큰 규모의 식당을 경영하는 등 부유하게 살고 있는데 막내아들의 반복된 사업실패로 재산을 많이 날렸다고 했다. 어르신은 그 충격으로 병을 얻었고 자녀들 간에도 사이가 나빠졌다고 했다. 육 남매 중 막내아들을 제외하면 모두 넉넉하게 살았는데 어르신이 조금 남은 재산을 정리하면서 형편이 어려운 막내아들에게 그 재산을 다 넘겨주고 난 후로는 다른 자녀들이 어머니께 전혀 돈을 쓰지 않는다고 했다.

남의 가정사에 깊이 개입하고 싶지는 않았지만 치매 초기인 어르신이 꾸준히 약을 드시면 정상적으로 생활할 수 있는데 약값을 내지 않아 약을 못 드시는 것이 안타까웠다. 딸에게 연락해 약을 안 드시면 치매가 더 심해진다고 약을 받을 수 있도록 해달라고 하니 가정사를 이야기하며 막냇동생이 약값을 낼 것이라고 했다. 그러나 형편이 어려운 막내아들은 약값을 내지 않았다. 어르신을 그냥 두고 볼 수만은 없어 친분이 있는 병원 관계자에게 부탁해 약 문제를 해결했다.

어느 날 닭다리를 우유에 재웠다가 노릇하게 구워 어르신들께 간식으로 드렸다. 갓 구운 닭고기는 고소한 냄새를 풍기며 따끈따끈 부드럽고 맛있었다. 어르신들의 기호에 잘 맞았는지 모두 반기며 좋아하셨다.

며칠 후 정기적인 상담을 하려고 장월선 어르신 방에 들어갔다. 어르신은 붙박이장 서랍을 열어놓고 몇 개 되지 않는 사계절 옷들을 넣었다 꺼냈다 정리하고 계셨다. 어르신들의 일상적인 모습이라 특별할 것은 없었는데 서랍 한구석에 휴지로 꽁꽁 싼 뭔가가 눈에 띄었다.

"어르신, 잠깐만요. 이게 뭐예요?"

"???"

며칠 전 간식으로 나왔던 닭고기였다.

"어르신! 이걸 안 드시고 왜 여기 넣어 두셨어요?"

"응, 그거. 우리 막내아들이 닭고기를 좋아한다. 아들 오면 줄라꼬."

어르신은 늘 힘없는 모습으로 조용히 움직이고 말씀도 소곤소곤 작게 하는 분이었으나 그날은 흐뭇한 얼굴로 뿌듯하게 말

씁하셨다. 노릇노릇 맛있게 구워진 닭다리를 보물처럼 휴지에 잘 싸서 일 년에 한 번 올까 말까한 아들을 주려고 서랍에 꽁꽁 넣어놓으셨다. 군데군데 곰팡이가 핀 닭고기를 버려야 한다고 하니 절대로 안 된다며 펄쩍 뛰셨다. 아무리 설명을 해도 수긍하지 않아 막무가내로 가지고 나오는데 등 뒤에 원망의 눈길이 꽂히는 것을 느낄 수 있었다.

고재식 어르신을 떠올리면 저절로 미소가 지어졌다. 부양해 줄 가족이 없어 양로원에 입소하셨지만 늘 기분 좋은 모습에 큰 소리로 유쾌하게 웃으며 지내셨다. 기초수급자로 선정이 되었지만 늘 지갑이 빵빵하도록 현금을 넣고 다니며 자랑하곤 하셨다. 자전거에 모터를 달아 오토바이처럼 타고 다니며 시장에 가서 간식도 사드시고, 계절이 바뀔 때마다 새 옷을 샀노라며 구경시켜 주기도 하셨다.

시장에 다녀오는 날은 꼭 직원들 먹으라고 봉지를 하나 더 만들어 사무실로 쓱 밀어 넣어 주곤 하셨다.

"와! 감사합니다. 잘 먹겠습니다. 이제는 그만 사주세요. 이번이 끝이에요."

직원들이 거절해도 손사래를 치며 괘념치 말라고 하셨다. 시장에 파는 부채과자를 사오기도 하고 뻥튀기를 사주기도 하셨다. 가을이면 홍시나 군밤을 사오기도 하셨다. 직원들의 감사 인사에 별것 아니라고 오히려 멋쩍어하며 얼른 자리를 피하셨다.

그러던 어르신이 어느 날 심각한 표정으로 앉아계셨다. 늘 웃으시던 분이라 심각한 표정이 무척 어색했다.

"어르신, 무슨 일 있으세요? 걱정 있으신 것 같아요."

"큰일 났어요. 큰 걱정거리가 생겼어요."

"무슨 일인데요?" 평소와 다른 어르신의 모습에 더 걱정이 되었다.

"우리 아들이 대기업에 취직할 것 같아요."

"???"

어르신의 말씀에 따르면 아들이 부양능력이 없는 학생이어서 당신이 기초수급자로 선정되어 양로원에 들어와 걱정 없이 살고 있는데 만약에 아들이 취직을 하면 기초수급자에서 탈락이 될 것이고, 그러면 양로원에서도 나가야 할지도 모른다는 것이었다. 대답할 말을 찾지 못하고 얼굴을 쳐다보며 어정쩡한 표정을 짓고 말았다.

며칠 후 어르신의 표정이 다시 밝아지셨길래 궁금해서 물었다.

"어르신, 좋은 일 있으세요?"

"우리 아들이 떨어졌어요."

축하해야 할지 안타까워해야 할지 혼란스러웠다.

머릿속 지우개를
만난 적 있으신가요?

"어르신, 잘 주무셨어요?"

"예, 잘 잤어요. 그런데 선생님은 어디서 왔어요?"

하루에도 몇 번이나 만나는 얼굴인데도 중증 치매로 단기 기억력이 매우 약한 홍순남 어르신은 아침마다 되물으셨다.

"저는 1층 사무실에서 왔어요."

"아, 그래요. 거기서 뭐하는데요?"

"어르신들 즐겁게 지내시라고 일하고 있어요."

"예~ 그런데 선생님은 어디서 왔어요?"

"저는 1층 사무실에서 왔어요."

"아, 그래요. 거기서 뭐하는데요?"

"어르신들 즐겁게 해드리려고 일하고 있어요."

"예~ 그런데 선생님은 어디서 왔어요?"

이렇게 세 번쯤 반복되면 적당히 말을 돌리고 자리를 떠야 한다. 그렇지 않으면 같은 질문을 끝없이 반복하시기 때문이다.

"저 할마시가 내 목도리를 훔쳐가서 안 준다."

홍순남 어르신의 방에 가면 어김없이 들을 수 있던 김복례 어르신의 화난 목소리다. 치매를 앓던 김복례 어르신은 주로 남을 의심하는 증세를 보였다. 늘 옆자리에 있는 홍순남 어르신이 당신의 물건을 훔쳐갔다고 생각하며 몇 가지 되지 않는 소지품을 꺼내 다시 정리하고, 또 찾아보고 다시 정리하기를 온종일 하셨다.

누군가 자신의 물건을 훔쳐갔다고 의심하는 것은 치매환자에게 흔하게 일어나는 증상이다. 김복례 어르신은 날마다 남에게 물건을 도둑맞아(?) 늘 기분 나쁘게 살고 계신 안타까운 분이었다. 직원들이 사실이 아니라고 아무리 설명을 해도 소용없으니 지친 직원들은 도둑맞았다는 물건을 같이 찾는 시늉을 하며 맞춰드렸다. 그나마 다행인 것은 용의자로 의심을 받는 홍순남 어르신이 그 사실을 인지하지 못하고 늘 웃으며 친절하게 대하시니 감사할 따름이었다.

오후 휴식시간에 창밖 전망이 좋은 홍순남 어르신 방 앞에 어르신들과 직원 몇 명이 모여 한가로이 이야기를 나누고 있는데 김동문 어르신이 휠체어를 밀고 오셨다. 김동문 어르신은 쌍꺼풀이 짙고 인상 좋은 호남형 얼굴에 언제나 미소를 띠고 계셨다. 과거에 원예업을 하셨다며 꽃에 관한 이야기나 정원을 가꾸는 일에 관해 말하기를 좋아하셨다. 예의 웃음 띤 얼굴로 곁에서 가만히 이야기를 듣고 계시더니 옆에 있는 홍순남 어르신께 불쑥 꽃 한 송이를 내미셨다.

"사랑합니다."

"……."

"사랑합니다."

"호호호. 부끄러워라."

"어르신! 받으세요."

직원들의 응원에 홍순남 어르신은 수줍어하며 꽃을 받으셨다. 앞니가 몇 개밖에 남지 않은 입을 손으로 가리고 수줍게 웃으며 조용조용 말씀하시는 분이었다. 깜짝 고백에 직원들도 환호하며 축하한다고 말씀드리고 함께 웃었다.

"어르신, 꽃은 언제 준비하셨어요?"

"저어기."

김동문 어르신이 가리킨 곳은 간호사실 데스크 위에 있는 꽃꽂이였다. 사랑을 고백하려고 간호사실을 지나오면서 한 송이 뽑아 오신 것이었다.

그때 고백을 받고 얼굴을 붉혔던 홍순남 어르신이 당신의 손에 쥐어있는 꽃을 보더니 고개를 갸우뚱하셨다.

"이게 뭐꼬?"

그 짧은 시간에 꽃과 함께 받은 사랑 고백의 기억이 지워져버린 것이었다. 사랑 고백을 들으며 환호하고 박수쳤던 모두는 서로 눈만 멀뚱멀뚱 쳐다봤고 김동문 어르신은 머쓱한 표정을 지으며 휠체어만 만지작거리셨다.

　이송자 어르신은 치매진단을 받고 칠 년이 지난 후 주간보호센터의 문을 두드리셨다. 그동안은 남편이 '평생 함께 산 정이 있는데…' 하며 아무 데도 보내지 않고 누구의 도움도 받지 않으며 경증치매 환자를 혼자 감당해 오셨다고 한다. 치매가 계속 진행되어 증세가 점점 악화되자 도저히 혼자 감당할 수 없어 센터로 모시고 오셨다.

　어르신은 신체기능은 양호해 혼자 걸을 수는 있었지만 인지기능이 심각하게 저하되어 일상생활에 많은 지장을 받고 계셨다. 아침에 출석하는 것부터 어려움이 따랐다. 기분이 좋을 때는 남편 손에 이끌려 엉겁결에 차를 타지만 그날그날 기분에 따라 안 가겠다고 버티기 시작하면 이길 수가 없었다. 머리가 하얗게 센 배우자와 모시러 간 직원이 온갖 말로 회유를 해도 소용이 없고 화를 내기도 하셨다. 그런 날은 도저히 차에 태울 수가 없으니 결석하겠다고 하시며 송영 차량을 돌려보내셨다. 그러고 나면 한두 시간 후 백발의 배우자분이 휠체어에 어르신을 태우고 30분 거리를 땀을 뻘뻘 흘리며 밀고 와서 어르신을 모셔 놓고 돌아가신다. 휠체어를 타고 출석하는 횟수가 점점 늘어나고 있어서 걱정이다.

　이송자 어르신은 센터에 오셔서 온종일 시설 내부를 혼자 배회하고 다니신다. 곁에서 말을 붙이면 싫어하고 길을 막아도 화를 내신다. 가끔은 벗어 놓은 다른 사람들의 신발을 손에 쥐고 다니기도 하고 허리춤에 차고 다니기도 하신다. 식사시간에는 손으로 음식을 집어 드셔서 일일이 밥을 떠먹여 드려야 된다. 간혹 기분이 좋으면 쉽게 받아 드시지만 기분이 나쁘면 화를 내며 거절하셔서 식사를 담당하는 직원이 애를 먹는다. 엄마가 아이에게 밥을 한 숟가락이라도 더 먹이려고 밥그릇을 들고 따라 다니듯 식판을 들고 배회하는 어르신을 따라다니는 모습은 이제 일상이 되었다.

가족들은 집에서 돌보기가 어려웠던 어르신이 센터에서는 어떻게 지내시는지 궁금해 하며 예고도 없이 나타나 어르신의 생활하는 모습을 보여 달라고 하기도 했다. 하지만 기대와 달리 다른 어르신들과 어울리지 못하신다는 설명을 듣고 혼자 배회하는 모습을 보게 되자 실망하는 모습이 역력했다. 어르신은 치매가 이미 많이 진행된 상태에서 센터에 출석하게 되어 어떠한 방법을 써봐도 효과를 기대할 수 없는 상태였다.

치매 치료제가 없는 현실에서 초기에 꾸준히 약을 먹으면 그나마 치매가 빠르게 진행되는 것은 막을 수 있는데 어르신의 경우 약은 고사하고 밥도 거부하는 상황이라 약을 드시도록 하는 것은 엄두도 못 내고 있다. 그래도 다행인 것은 식사를 도와주는 직원은 알아보시는지 다른 사람보다 그 직원이 도와드리면 분위기가 더 부드럽고 그나마 받아 드신다.

어르신은 혼자 시설 내부를 배회하다가 거울을 마주치면 거울에 비친 자신의 모습을 인지하지 못하고 "누구요?" 하며 화를 내신다. 보통 거울에 비친 자신의 모습을 인지하지 못하는 어르신께 거울 속에 있는 사람이 누구냐고 물으면 '엄마'라고 답하는 분들이 많다. 하얗게 머리가 센 자신의 모습에서 친정어머니의 모습을 떠올리는 듯이.

그런데 이송자 어르신은 거울 속에서 자신을 바라보는 머리 하얀 노인에게 화를 내신다. 노쇠한 자신을 부정하고 싶은 걸까?

'나'는 분명 있는데 '나'를 알아보지 못하는 상황을 볼 때마다 우울해진다. 치매와 함께 온 언어장애로 정확한 언어구사가 불가능한 어르신은 오늘도 거울 속 자신에게 해독 불가능한 말로 화를 내신다.

사라지는 기억과
털어내지 못한 일상

오명자 어르신은 다부진 체구에 무척 부지런한 어르신인데 70대 초반에 치매로 고통받고 계셨다. 어르신은 잠시도 한 자리에 가만히 앉아 계시지를 못했다. 뭐라도 일을 해야 안정이 되는 분이었다. 평생 미용실을 운영했는데 이른 아침부터 밤까지 동동거리며 가게와 집을 도로 하나 사이에 두고 바삐 오가며 사셨다고 했다. 자녀들은 엄마는 늘 바쁘게 사시는 분이라며 연세가 드니까 기억력이 떨어지는 것으로만 생각했다고 한다.

어느 날 파마하러 온 손님에게 중화제를 발랐는데, 잠시 후 한 번 더 중화제를 바르면서 소동이 일어났다. 좀 전에 중화제를 발랐다는 사실이 머릿속에서 지워져 버린 것이었다. 이 사건으로 깜짝 놀란 가족들이 나서서 검사를 받도록 했는데 치매라는 결과가 나왔다. 평생 손때 묻도록 가꾸었던 미용실을 다른 사람에게 넘겼는데 어르신은 이를 인정하지 못하고 자꾸 미용실로 출근하셨고, 평생 혼자 사셨던 어머니를 갑자기 모시고 살 형편이 안 된 자녀들이 어르신을 요양원으로 모시게 되었다.

어르신은 다행히 신체적으로는 너무나 건강하셨다. 문제는 평생 시간에 쫓겨 동동거리며 살던 것이 몸에 배어 잠시도 가만히 쉬지를 못하신다는 점이었다. 할 일이 없으면 불안해하고 집에 가야 한다고 안절부절못하니 무슨 일이라도 맡겨 요양원에 적응하도록 해달라는 것이 보호자의 부탁이었다.

그러자니 어르신이 할 수 있는 일을 만들어야 했다. 다 개어놓은 수건을 다시 흩어놓고 '바빠서 그러니 좀 개어 달라'거나 물걸레질까지 마친 실내 공간을 다시 빗자루로 쓸어 달라고 하며 일거리를 만들었다. 그러면 어르신은 진지하게 빨리 일을 마치셨고 또 다른 일을 찾으셨다. 그러다가 일이 없어 심심해지면 '집에 가야 한다'며 소동을 부리셨다.

한정된 공간 안에서 치매를 앓고 있는 어르신께 부탁할 일은 매우 제한적이라 일거리를 만드는 것이 고민이었다. 그것을 못하면 집에 가야 한다고 소란을 부리시니 어려움이 많았다. 미용실에서 수건을 많이 다루어서 그런지 수건을 개는 손놀림이 아주 빨랐다. 어르신이 수건을 다 개어 한쪽에 쌓아 놓으면 몰래 털어 어르신 앞에 다시 갖다 놓곤 했다.

일주일을 요양원에서 일거리를 찾아 다니시다가 결국 '일을 하러 가야 한다'는 고집을 이기지 못한 딸이 다시 모시고 나갔다. 가지런히 정리되어 있는 수건을 보면 요즘도 가끔 어르신 생각이 난다.

 이순영 어르신은 교양미가 넘치는 여자 분이었다. 서울에서 꽃꽂이를 취미로 하며 사셨다고 했다. 간호사실 데스크 위에 놓인 꽃꽂이에 관심을 보이고 이렇게 저렇게 조언도 하셨다. 투박한 경상도 사투리 속에서 어르신의 나긋나긋하고 매끄러운 서울 말씨는 주목을 받기에 충분했다.
 "선생님! 지난밤에 잘 잤어? 굿모닝이야!"
 아침 라운딩 시간에 만나는 어르신은 언제나 찰지고 세련된 서울 말씨로 인사를 건네셨고 염색하지 않은 반백의 머리카락은 우아함을 더했다. 매력적인 말투와 수려한 외모를 동경하며 동료 어르신들도 직원들도 모두 어르신을 좋아했다.
 "형님! 형님이 참아."
 한 방에서 생활하는 동료 어르신이 억센 경상도 사투리로 화를 내면 잘 다독여 직원들에게도 인기가 좋았다. 그 사건이 있기 전까지는.
 어르신은 온돌방에서 동료 어르신 3명과 함께 지내셨는데 어느 날 그 방에서 격앙된 소리가 흘러나왔다.
 "방값을 내야지! 왜 남의 집에서 방값도 안 내고 살아!"
 달려가 보니 이순영 어르신이 흥분해 앞자리의 어르신 밥상을 벽으로 던지셨다. 밥상은 한 쪽 귀퉁이가 깨져 흰 속살을 드러냈다. 갑자기 일어난 일에 직원들도 너무 놀라 다른 어르신을 보호하려고 달려가 어르신들을 등 뒤로 숨겼다. 한참 동안 이순영 어르신은 진정되지 않았고 지칠 때까지 소리를 지르셨다.

어떤 말로도 달래지지 않아 결국 보호자에게 연락했다. 급히 달려온 딸은 어르신을 모시고 조용한 곳으로 자리를 옮겨 오랫동안 이야기를 하며 진정시켰다. 과거에 집세를 받아 자녀들을 공부시켰다는 보호자의 설명에 상황이 이해는 되었지만 어르신의 이상행동은 그것으로 끝이 아니었다. 한 달에 한 번 정도이던 것이 점점 주기가 짧아지고 나중에는 2, 3일에 한 번씩 그러한 상황이 벌어지니 다른 어르신들을 보호하기 위해서라도 더 이상 어르신을 모실 수 없게 되었다.

전체 어르신을 보호해야 하기에 어르신을 더 이상 모시기가 어렵다고 보호자께 양해를 구했다. 보호자는 우리의 입장을 이해해 주었고 가슴 아팠지만 어르신과 이별했다.

"어르신, 늘 건강하세요."

"선생님들, 모두 건강하게 잘 지내. 건강이 최고야!"

어르신은 예의 그 나긋나긋한 서울 말씨로 인사를 남기고 떠나셨다.

끝날 때까지는
끝난 게 아니야

　이재옥 어르신은 남편이 대학에서 학장을 지냈고 본인도 교사로 정년퇴직을 한 분이었다. 평소 책 읽는 모습을 자주 볼 수 있었고 말씀도 교양 있게 하셨으나 동료 어르신을 낮추어 보는 듯한 언어를 자주 사용하셨다.
　반면 맞은편 자리에 계신 성기운 어르신은 평생 노점상을 하며 거칠게 살아온 분으로 당신의 이름도 못 읽는 기초수급자였다. 이재옥 어르신은 인지기능은 양호한 편이었지만 다리에 힘이 없어 보행에 도움을 받아야 되는 상태였고, 성기운 어르신은 우울감은 있었지만 보행은 자유로운 분이었다.
　두 분 사이에는 자연스럽게 서로 간 질서(?)가 생겼는데 성기운 어르신이 이재옥 어르신의 눈치를 살피고 잔심부름을 해드리는 관계가 되었다. 냉장고에서 자녀들이 가져다 놓은 간식을 꺼내주거나 사물함 위에 있는 물통을 손이 닿는 곳에 가까이 가져다 놓는 등 심부름을 해주면 냉장고에 있는 간식을 하나 꺼내 먹어도 용납되는 관계였다.

이재옥 어르신과 달리 성기운 어르신은 신체기능이 자유로운 까닭에 시설 내외부를 자유롭게 걸어 다니며 여기저기 참견을 하기도 하셨는데, 가끔은 내게 입을 삐쭉이며 이재옥 어르신 흉을 보기도 하셨다. 그러나 산전수전을 겪으며 살아온 삶의 체득인지 이재옥 어르신 앞에서는 전혀 내색하지 않으셨다.

두 어르신의 생신이 공교롭게 5월에 일주일 간격으로 있었다. 당시에는 생신 당일에 기념하고 축하해 드리는 것이 어르신에게 최고의 기쁨을 드리는 것으로 생각해 생신 당일에 축하 음식과 노래 등으로 어르신들을 즐겁게 해드리기 위해 노력했다.

이재옥 어르신의 생신을 맞아 자녀들과 손주들이 꽃바구니와 떡, 과일, 음료수 등을 준비해 와 직원들과 함께 생신을 축하했다. 노래반주기를 틀어 흥겹게 잔치를 해드렸고 어르신도 매우 기뻐하셨다.

다음 주는 성기운 어르신의 생신이라 사는 형편이 괜찮다는 큰아들에게 연락을 했더니 올 수 없다는 대답이 돌아왔다. 요양원에서 음식을 준비하고 어르신의 생신을 축하해 드리기로 했다. 어르신께는 아드님이 많이 바빠서 못 오는 대신 돈을 보내 잔치를 해 달라는 부탁이 왔다고 했다. 어르신은 기운 없이 며칠을 지내셨다.

그 사연을 들은 이재옥 어르신이 성기운 어르신을 위해 비용을 부담하겠다고 하셨다. 개인적으로 부담하지 않아도 요양원에서 다 알아서 한다고 말씀을 드렸으나 깍쟁이 같던 어르신이 굳이 친구 생일상을 차려주고 싶다고 말씀하시는 의외의 모습에 모두 놀랐다. 가족은 참석하지 못했지만 풍성한 음식과 흥겨운 음악으로 생신 축하 자리를 마련했는데 정작 성기운 어르신은 잔치를 시작하자마자 방에 들어가 누워 버리셨다. 주인 없는 잔치가 되었지만 어르신들이 즐거워하며 흥겨운 시간을 보냈다.

개개인의 생신날에 맞춰 기념하고 잔치를 해드리는 것이 최선이라고 생각했으나 의도치 않게 마음을 다칠 수도 있다는 것을 깨닫고는 한 달에 한 번씩 날짜를 정해 그달 생신인 분들을 모아 잔치를 해드리는 것으로 바꿨다. 선의로 한 일도 의도치 않게 상처를 줄 수 있다는 것을 그때 배웠다.

성기운 어르신의 약점은 경제적으로 형편이 어려운 작은아들이었다. 오랜만에 방문한 자녀들이 어르신을 붙들고 형편이 너무 어렵다고 하소연을 하고 가면 어르신은 마음이 아파 며칠을 기운 없이 고개를 떨군 채 지내시곤 했다. 명절이나 행사 때 어르신들 사용하시라고 지급되는 선물을 하나도 쓰지 않고 차곡차곡 모아 두었다가 자녀들이 오면 모두 싸서 보내셨다. 요양원에서 지급한 수건, 명절 선물로 드린 스카프, 내의, 양말, 심지어 동료 어르신이 드시려고 가져온 일회용 커피까지 모아 작은아들에게 들려 보내셨다. 뭐라도 주고 싶은 어머니의 마음은 충분히 이해가

갔지만 빈손으로 와서 어르신이 모아둔 것을 들고 나가는 자녀들을 보는 직원들의 마음은 편치 않았다. 직원들은 달리 제지할 명분도 없으니 막지는 못하고 내게 일러주는 것이 고작이었다.

평소 성기운 어르신은 당신이 글씨를 모르고 돈 관리를 할 수 없으니 예금통장과 도장을 내게 맡겨두고 계셨다. 매월 노령연금이 20~30만 원씩 나왔지만 단 10원도 찾아 쓰지 않으셨다. 그러다가 명절이 가까우면 사무실 주위를 서성이며 내 눈치를 살피셨다. 어르신의 행동이 무엇을 말하는지 알지만 답답한 마음에 모른 척하고 있으면 급기야 어르신이 조심스럽게 말을 걸어오셨다.

"돈 좀 찾아주이소."

사연을 들어보니 며칠 전 작은아들이 다녀갔는데 일이 없어 생활이 많이 어렵다고 하더란다. 손주를 대학에 보내야 하는데 학비가 없어 못 보낸다고 했다는 것이다. 아들의 어려운 형편이 마치 당신 잘못이라는 듯 어르신은 아들의 하소연을 듣고는 명절에 오라고 일러 보내셨다. 자식들은 어르신 통장에 매월 노령연금이 쌓이고 있는 것을 계산하고 있었고 명절에 와서 그 돈을 받아가고 싶은 것이었다. 평소에는 한 번도 찾아오지 않다가 돈이 모일 때를 기다려 형편이 너무 어렵다며 어머니가 가슴 아파할 이야기들을 골라서 하고 돈을 받아가는 아들의 행태에 화가 났다.

일반적인 경우 요양원 입소비용은 장기요양보험의 본인부담금 요율에 따라 본인부담금과 식사비를 본인이나 보호자가 낸다. 반면 기초수급자는 본인부담금을 건강보험공단과 정부에서 지원해주고 식사비는 지방자치단체에서 지불하기 때문에 전액 무료로 요양원을 이용할 수 있다. 또 지방자치단체는 기초수급자 어르신 개개인의 통장으로 매달 삼십만 원 가량의 기초연금을 입금해준다. 요양원에 입소해 계시는 분들은 일상생활에 필요한 모든 물품을 요양원에서 지급하기 때문에 별도의 돈이 필요하지 않고 대부분 돈이 있어도 쓸 수 없는 상태이다. 성기운 어르신의 경우 평생 자녀들과 따로 살아왔기 때문에 기초연금 수급 통장을 어르신 본인이 가지고 계시면서 일 년에 한두 번씩이라도 뿌듯하게 자녀들 용돈을 주지만 대부분의 경우 통장은 보호자들이 가지고 있고 기초연금도 보호자들이 사용하는 경우가 많다.

성기운 어르신은 손주들이 학교를 못 다니면 취직을 못할 테고, 그러면 먹고 사는 것이 힘들어질 테니 돈을 보내야 한다고 하시지만 그 손주들은 할머니를 뵈러 시간을 내지 않았다.

"어르신, 돈을 목돈으로 주지 말고 손주들이 할머니 뵈러 올 때마다 조금씩 주세요. 그래야 그렇게 보고 싶은 손주들을 한 번이라도 더 볼 수 있잖아요."

답답하고 안타까운 마음에 어르신께 몇 차례 권해보기도 했지만 소용없었다. 어르신은 아들 손에 목돈을 쥐어 보내고 나면 얼굴이 환해지고 목소리도 커졌다. 가정 형편이 어려워도 장학

제도가 잘 되어 있어 학업을 이어갈 수 있고 정부에서도 지원해 주기 때문에 며느리의 말처럼 피를 팔아야 하는 상황은 없다고 말씀드리고 싶었지만 꾹꾹 눌러 참았다. 한 푼도 쓰지 않고 모은 돈을 자식에게 주면 그 어려운 형편에 큰 도움이 될 것이라 여기며 뿌듯해하시는 어르신의 마음은 이해했지만, 돈을 받아가는 아들의 뒷모습은 참 미웠다.

운동 경기에서 역전 상황이 벌어지면 경기의 흥미를 더하게 된다. 승리자 같았던 이재옥 어르신과 그늘 속에 살았던 성기운 어르신의 인생에 역전이 일어났다. 하지근력이 약했던 이재옥 어르신이 야간 근무 직원을 부르기 미안하다고 혼자 화장실을 가다 넘어지셨다. 노인시설에서 가장 두려워하는 낙상사고가 일어난 것이다.

가장 우려하는 고관절 골절 진단이 나왔다. 꽤 긴 시간 입원치료를 받으셨다. 수술과 치료를 마치고 복귀했을 때는 치매가 동반되어 기저귀를 차고 오셨다. 못 배운 동료들을 살짝 무시하던 이재옥 어르신은 치매환자가 되어 기저귀 속으로 손을 넣고 대변을 만지는 지경이 되었다.

이때부터 은근히 압박을 받던 성기운 어르신의 태도가 달라졌다. 어르신은 말씀도 가능하고 보행도 자유로우니 냉장고에 있는 이재옥 어르신의 모든 음식을 마음대로 꺼내 드셨고 더 이상 눈치도 보지 않으셨다. 마음이 내키면 이재옥 어르신께 선심

쓰듯 하나씩 드리는 정도였다. 보호자들이 간식을 가지고 오면 당신이 잘 챙겨드리고 있다고 말씀을 하니 보호자들은 고맙다고 하며 앞으로도 잘 부탁드린다고 인사를 했다. 직원들이 말려도 소용이 없었다.

이재옥 어르신 앞에서 큰소리로 '하하하' 웃으며 무시하는 말을 해도 이재옥 어르신은 더 이상 반응하지 않고 큰 눈을 끔뻑이며 바라보기만 하셨다. 이재옥 어르신이 기저귀를 뜯거나 대변을 이불에 묻혔다고 직원에게 일러주며 무시하기 일쑤였다. 참 인생이란 알 수 없는 것이다.

모두 가슴 한구석에
돌덩이를 안고 산다

　　김순덕 어르신은 성품이 온화한 분이었다. 인지기능은 양호했지만 신체기능이 약해 걸음걸이가 자유롭지 않았고 지팡이를 짚고 조심스럽게 걸어 다니셨다. 동료 어르신들과 농담도 잘하고 직원들에게도 우스갯소리를 간간이 하시며 수고하는 직원들을 격려해주셨다. 특별히 위중한 질병이나 경제적인 어려움이 없었고 슬하의 1남 3녀 모두 각자의 길을 평탄하게 가고 있었다.

　　자녀들과 따로 살다가 어르신이 집에서 넘어져 입원치료를 받게 되셨다. 장기간 입원으로 걸음걸이가 불편한 상태에서 퇴원을 하셨는데, 자녀들은 보행이 불편한 어머니를 혼자 지내시도록 방치할 수 없다는 결론을 냈다. 그리고는 엄마가 애지중지 키운 아들이 엄마를 모셔야 되는 것 아니냐고 의견을 모아 의사인 아들 집에서 모시기로 했다고 한다.

　　아들과 며느리가 출근하기 전에 어르신을 준비시켜 드리면 센터에서 어르신을 모셔 오고, 저녁에는 며느리가 퇴근하는 시간에 맞추어 댁으로 모셔다 드렸다. 20~30년을 각자 편하게 살다가 갑자기 손이 많이 가는 어머니를 모시려니 생활 패턴이 달라지고 심적인 부담도 커 아들, 며느리 입장에서 많이 힘들었을 것이다.

"내 집이 따로 있는데 왜 나를 여기다 데려다 주는지 모르겠다."

아들 며느리의 바쁜 생활에 자신이 짐을 더 얹는다고 느낀 어르신은 아들 집에 계시는 것이 마음 편치 않음을 자주 내비치셨다.

"어르신이 혼자 지내시는 게 걱정돼서 그러겠지요."

정확한 사정은 모르지만 듣기 좋게 말씀드렸다. 어르신은 수긍하시는 듯 했으나 자주 불편함을 표현하셨다.

한 달가량 지낸 후 딸에게서 전화가 왔다. 며칠 후부터는 어머니를 자신의 집으로 모셔달라고 했다. 아들에게 사정이 생겨 당분간은 딸이 어르신을 모시기로 했다는 것이었다. 그렇게 어르신은 한동안 딸과 함께 지내시며 센터로 출석하셨다. 그때도 어르신은 '내 집을 놔두고 왜 이집 저집 다니게 하는지 모르겠다'고 하셨으나 그에 대한 사연을 우리는 알 수 없었다.

2개월쯤 지났을 무렵 딸이 새로 공부를 시작했다며 학교 가는 시간과 어르신을 맞이하는 시간이 맞지 않아 어르신은 다시 아들 집으로 보내졌다.

아들 집에서 지내던 어르신이 아침에 일어나다 침대에서 떨어지셨다. 대부분 어르신들의 낙상은 골절로 이어지는데 어르신도 고관절이 골절되었다. 고관절 골절의 경우 치매가 동반될 수도 있고 생명에 지장을 줄 수도 있으므로 걱정을 많이 했다. 다행히 어르신은 3개월가량 입원치료를 받고 다시 돌아오셨는데 이번에는 휠체어를 타고 오셨다. 현재는 아들 집에서 모시고 있지만 자녀들이 한 달씩 돌아가면서 모시기로 했다고 했다.

자녀들이 한 달씩 어르신을 모시게 되면 그동안 자유롭던 생활이 제약을 받고 불편을 느끼게 된다. 한 달만 채우면 다시 자유를 얻을 수 있다고 꾹 참고 한 달을 견디는데, 두어 달 후 다시 당번이 돌아오면 때가 되기 전부터 가슴이 답답해지고 이전보다 더 큰 불편함을 느끼게 된다. 그러다 한계에 이르면 요양원 입소를 의논하게 된다. 자녀들이 돌아가면서 어르신을 모시기로 했다는 연락을 받고 곧 요양원으로 가시겠구나 하는 생각이 들었다.

휠체어 생활에 익숙해 가던 중 자녀들이 상담 요청을 해왔다. 약속된 날 4명의 자녀가 함께 센터로 왔다. 짐작했던 대로 요양원 입소에 대한 이야기를 조심스럽게 꺼냈다.

"나는 새로 일을 시작했기 때문에 모실 수 없다."
"나는 여기 대구에 살지 않아 어머니를 모실 수 없다."
"나는 집이 좁아 어머니께 따로 방을 드릴 수 없다."

가정마다 어르신을 모실 수 없는 사정이 있다고 하며 요양원 입소에 대한 나의 의견을 물었다. 요양원에 모시기에는 어르신의 인지기능이 너무 좋은 상태라서 중증 환자들과 함께 생활하면 심적으로 힘들어하고 우울감을 느낄 것이라고 설명했다. 요양원에는 인지기능이 저하되어 여기가 어딘지 모를 때 가시는 게 좋을 것 같다고 했다. 보호자들은 무거운 걸음으로 돌아갔다. 그렇게 한 달가량 지난 후 어르신을 요양원에 모시기로 했다는 연락이 왔고 그 이후 어르신의 소식은 듣지 못했다.

요양원에 계신 어르신들은 가족들이 방문하고 돌아가는 그 순간부터 다시 가족들을 기다린다. 내가 근무했던 요양원에서는 주차장이 훤히 내려다보이는 창가에 어르신들이 많이 앉아 계셨다. 방문을 마치고 돌아가는 자녀에게 '좀 더 있다가 가라'고 붙잡고 싶은 마음이 간절하지만 내색하지 못한 채 '잘 가라'고 인사를 한 어르신들은 곧바로 방에 들어가시지 않고 창가에 앉아 계신다. 멀어지는 자녀들의 자동차가 시야에서 사라질 때까지 바라보고, 언제 다시 올지 모르는 그 차를 하염없이 기다리신다. 끊임없는 기다림이 어르신들의 일상이 되고 습관이 되어 마음을 공허하고 우울하게 만든다.

맞벌이가 보편화된 현대사회에서 노부모를 한 집에 모시고 사는 것은 무척 어려운 일이 되었다. 막상 내가 부모님을 모시고 같이 산다고 가정을 해봐도 선뜻 결정하지 못할 것 같다. 부모님의 거취를 고민하며 나에게 문의를 하면 언제나 '자녀 가운데 딸이 결정하도록 할 것'을 권한다. 아직까지 우리나라에서는 며느리가 시부모의 거취를 거론하면 욕을 먹는다. 형편상 다른 방법을 찾을 수 없는데도 불구하고 '못된 것이 부모님 모시기 싫어서 요양원에 보내려 한다'고 단정지어 버린다. 아들이 결정을 해도 며느리가 시켜서 그런다고 생각하는 경우가 많아 엄마와 가장 친밀한 관계인 딸이 나서야 가장 원만하게 해결이 된다는 것이 내 생각이다.

  어려서부터 '부모님의 마음을 아프게 하면 안 된다'는 것을 몸과 마음에 새겨지도록 듣고 자란 이 땅의 자녀들은 어쩔 수 없는 상황에 고민 고민하다가 죄스러운 마음으로 부모님을 요양원에 보내고는 가슴속에 커다란 돌을 하나씩 안고 살아가는 것 같다.

억울한 수고를 누가
당연하다 말하는가

    치매를 앓던 홍은자 어르신은 5평 남짓한 작은 원룸에 혼자 살고 계셨다. 딸이 며칠에 한 번씩 찾아와 간식거리를 사다 놓거나 옷가지 등을 정리해주고 가는데 아침저녁 어르신을 주간보호센터로 모시는 것은 만만한 일이 아니었다. 하지 근력이 약해 일어설 수 없는 어르신이 최선을 다해 부들부들 떨며 휠체어를 잡아당기면 직원이 상체를 안아 일으켜 휠체어에 태워서 모셨다.

    혼자 거동이 불편한 것은 물론 치매증세로 전날 센터에서 집으로 돌아갈 때 채워드린 기저귀를 아침까지 차고 있다가 푹 젖은 채로 다시 센터로 오셨다. 아침에 어르신을 맞으면 제일 먼저 기저귀부터 교체해드리고 매일 씻겨드렸다. 아침마다 푹 젖어 겉옷까지 적시는 기저귀를 교체하는 것이 쉽지 않은 일일 텐데 요양보호사들은 싫은 내색 없이 씻겨 뽀송뽀송한 기저귀로 바꾸고 깨끗하게 옷을 갈아 입혀 쾌적한 상태로 하루를 시작하도록 도와드렸다.

아침에 푹 젖은 기저귀를 차고 오시는 것과는 대조적으로 센터에서는 조금이라도 기저귀가 젖은 느낌이 나면 수시로 바꿔달라고 하고 수시로 화장실을 가고 싶다며 동행을 요구하셨다. 하루를 지내고 저녁에 댁으로 모시고 가면 방 안에 놓인 이동식 변기에 앉혀 달라고 하고 소변을 본 변기를 비워달라고 하셨다. 변기를 비우고 깨끗이 씻어 제자리에 놓아드리면 사계절 깔려 있는 전기장판의 온도를 3단으로 맞추고 이부자리를 살펴달라고 하셨다.

TV를 켜 달라, 리모컨을 손에 쥐어 달라고 하신 이후에도 요청사항은 이어진다. 매일 기본적으로 해드리는 것이 끝나면 눈치를 봐가며 얼른 자리를 떠나야 된다. 어르신이 먼저 '다 됐으니 그만 가라'고 하는 경우는 없기 때문이다. 어르신 입장에서는 이 사람을 보내고 나면 TV 소리만 나는 좁은 방에서 다음날 아침까지 혼자 지내야 된다는 것을 알기에 누구라도 잡아 놓으려는 것은 이해하지만, 족히 20분을 차에서 기다려야 되는 다른 어르신들을 생각하면 마음이 급해질 수밖에 없다.

어르신은 가끔 집에 들르는 딸에게 직원들이 매일 씻겨주고 옷을 갈아 입혀 준다고는 하지 않고, 직원들이 불친절하다거나 옷을 갈아 입히지 않았다는 등 근거 없는 이야기로 직원들을 억울하게 했다. 센터에서 기저귀를 갈아주지 않고 '집에 가서 딸한테 해 달라고 하라더라'고 전달했다. 그 말을 들은 딸은 고함치며 격앙되어 전화를 했다.

"당신들 뭐하는 사람들입니까?"

기껏 열심히 보살피고 억울한 소리를 들으니 어이가 없어 그게 아니라고 아무리 설명을 해도 들으려 하지 않았다. 오히려 '가엾은 엄마를 함부로 대한다'는 원망만 잔뜩 쏟아놓고 일방적으로 전화를 끊어 버렸다. 내가 밖에 나가서 제대로 돌봄을 받지 못하니 딸인 네가 더 관심을 가지고 나를 잘 돌봐 달라는 말을 하고 싶은 것이리라 이해해보다가도, 거두절미한 어르신의 엉뚱한 말만 듣고 어이없는 오해를 하니 정성껏 어르신을 섬기는 직원들로서는 기가 막힐 노릇이었다.

터무니없는 말로 시비를 거니 홍은자 어르신의 보호자로부터 전화가 오면 긴장되고 부담스러워 피하고 싶었다. 처음 오셨을 때는 다리에 힘이 없어 휠체어를 타려면 팔걸이를 잡고 부들부들 떨며 도움을 받아야 겨우 올라앉던 분이 꾸준한 운동으로 혼자 휠체어를 탈 수 있게 되고 보행보조기를 잡고 걷는 연습을 할 수 있는 정도로 호전이 되었다. 하지만 어르신을 목욕시켜 드린 후 상의를 갈아입히면서 등판에 화려하게 새겨진 무늬가 앞쪽으로 오는 것이라 생각하고 앞뒤를 돌려 입혔다는 이유로 보호자는 입에 담지 못할 욕설을 퍼부었다. 해당 직원이 진심으로 사과하지 않으면 다른 시설로 옮기겠다며 으름장을 놓았다.

우후죽순처럼 장기요양기관들이 많이 생기고 서로 입소자 확보에 열을 올리고 있으니 센터들이 보호자 앞에서 '을'의 입장이 되는 것이 현실이다. 보호자 중에는 이를 악용해 과도한 요구를 하는 경우도 있다.

홍은자 어르신의 보호자는 그동안 그래왔듯 우리가 잘못했다고 빌기를 기대했겠지만 그동안 힘들다는 내색 없이 묵묵히 고생한 직원들에게 억울한 사과까지 시키고 싶지 않아 센터를 옮기겠다는 보호자의 으름장을 굳이 말리지 않았다. 그동안의 모든 노력이 수포로 돌아간다고 생각하니 섭섭하기도 했지만 후련한 마음도 있었다. 매일 아침 욕을 먹으면서도 보살펴온 직원들에게 늘 미안한 마음이 있었기 때문이다. 어르신은 좋은 센터로 옮긴다고 동료 어르신들께 자랑하며 작별을 고하고 떠나셨다.

시원섭섭한 마음으로 일주일쯤 지났는데 어르신이 전화를 하셨다.

"내 다시 거기로 가고 싶어요."

'다른 데로 가 보니 저희가 얼마나 진심으로 해드렸는지 아시겠지요?' 하는 말이 튀어 나오려는 걸 꾹 눌러 담았다.

"어르신 거기도 좋은 곳이니까 잘 적응하시고 건강하게 지내세요."

"싫어요. 거기가 더 좋아요. 다시 가고 싶어요."

"어르신, 마음을 편안하게 가지고 건강하게 잘 지내세요." 하고 먼저 전화를 끊었다.

어머니께 보행훈련을 시켜달라고 해 이해를 돕고자 센터에서 활동하는 모습을 사진 찍어 보내며 재활운동을 하고 있다고 설명을 하면 그것을 인정하지 않고 "어르신, 가만히 서 계세요." 하고 사진만 '콕' 찍어서 보낸 것이라고 우기던 보호자였다. 그 후에도 어르신은 다시 돌아오고 싶다고 두 번 더 전화를 하셨다. 우리를 그렇게 힘들게 했던 딸은 아주 친절한 목소리로 '호호호' 웃으며 "엄마가 다시 거기를 가고 싶어하네요." 하고 전화를 했으나 완곡하게 거절했다. 일주일가량 지나 다시 한 번 똑같은 내용으로 전화를 해왔다. '현재 다니는 곳도 좋은 곳이고 여기저기 자주 옮겨 다니는 것이 어르신께 좋지 않으니 그곳에 잘 적응하시도록 어르신을 설득하시라'며 거듭 거절했다.

억울하고 억지스러운 말들로 가슴이 답답했는데 우리 쪽에서 거절을 하고 나니 다소나마 억울했던 마음이 위로가 되었다.

당신에게 오늘은
어떤 소풍이었나요

"11월 1일에 가겠습니다."

입소를 열흘쯤 남겨둔 때에 전화를 받았다. 센터에 대해 아무것도 묻지 않고 간단하게 입소할 것이라고만 전해왔다. 그리고는 정확하게 그날 풍채 좋은 하지옥 어르신은 필요한 모든 서류를 구비해 아드님과 함께 방문하셨다. 체격만큼이나 행동이 진중하고 사려깊어 어르신들의 본이 되는 분이었다. 센터에서 진행하는 모든 프로그램에도 적극적으로 참여하고 말씀을 긍정적으로 하셔서 직원들도 어르신을 좋아할 수밖에 없었다.

어르신은 인지기능은 정상이었다. 무릎이 아파서 걸을 때 조금 절뚝거리기는 했지만 어르신용 보행기를 밀며 실내 이동은 가능했다. 프로그램이 시작될 시간이면 제일 먼저 자리를 턱 잡고 앉아계셔서 다른 어르신들도 눈치를 보며 곁으로 모이셨다. 일일이 모이시라고 강요하지 않아도 되니 진행자로서는 감사한 일이었다. 과묵하고 진중하며 늘 긍정적인 어르신의 모습을 본받고 싶은 마음이 들었다.

일과를 마치고 귀가하며 다른 어르신들을 모두 내려드리고 차 안에 어르신과 둘만 남게 되었다.

"어르신, 평안한 모습이 참 보기 좋아요. 어르신도 지나온 삶에 후회되는 일이 있으세요?"

"당연히 있지." 조용히 말씀하셨다.

"자녀들도 훌륭하고 사회적으로도 존경받고 있으니 어르신은 후회될 일은 없으실 것 같은데요?"

"……"

어르신은 말씀이 없으셨다. 넓고 비싼 집에 대학병원 이사장으로 재직 중인 작은아들, 높은 공직에 있는 큰아들, 시골에서 부유하게 살고 있다는 딸까지. 자녀들이 사회적으로 칭송받는 자리에 있으니 어르신만 건강하면 아무런 걱정이 없을 것 같아 부러웠다.

입소 후 2개월이 지나 다른 지방에 있는 아들 집으로 옮기게 되었다는 말을 듣고 서운한 마음이 들었다. 헤어지기 아쉬워 꼭 가셔야 하는지 물었다. 한참을 말없이 계시던 어르신은 담담하게 말씀하셨다. 자녀들이 3개월씩 돌아가면서 어르신을 모시기로 했는데 작은아들 집에서 3개월이 다 되어가니 큰아들에게로 가야 된다고 하셨다. 가기는 싫지만 자녀들이 결정한 것이라 그대로 따라줘야 집안이 편안하다고 하셨다.

사연인즉, 아들들은 사회적으로 성공했다는 소리를 듣게 되었는데, 시골에 사는 딸이 새로 집을 지으면서 엄마 집을 팔고 돈을 합쳐서 크게 지어 공기 좋고 넓은 집에서 평생 엄마와 같이 살고 싶다고 했다는 것이다. 어르신도 혼자 사는 것 보다는 여생을 딸과 같이 살면 좋겠다는 마음에 집을 처분하고 딸네로 가셨단다. 그렇게 수개월이 지난 후 딸이 말을 뒤집었다고 했다.

"오빠들이 있는데 왜 나만 엄마를 모셔야 되나?"

그 이후로 어르신은 자녀들 집을 3개월씩 돌아가며 지내신다고 했다.

'그래서 입소하실 때도 10월 31일까지 계시다가 11월 1일자로 현재의 아들 집으로 옮기신 것이구나.' 이해가 갔다.

어르신은 큰아들 집으로 간다고 하며 우리와는 아쉬운 이별을 하셨다. 2개월 정도 소식을 몰라 아드님 댁에서 잘 지내시려니 했더니 충청도의 어느 요양원에 계시다고 어르신이 전화를 하셨다. 작은아들 집에 위중한 환자가 생겼고 3개월씩 모시는 것이 번거로우니 자녀들이 의논해 요양원에 모시기로 결정을 했단다. 담담한 어조로 근황을 전하신 어르신은 함께 지냈던 동료 어르신들도 보고 싶고 함께 지냈던 그 시간이 좋았다며 고마웠다는 인사까지 챙기셨다. 통화가 끝나고 복잡한 감정들이 몰아쳐 한참 동안 창밖을 바라보았다. 봄은 깊어지고 있는데 마음은 여전히 춥게 느껴졌다.

88세의 구희수 어르신은 유복한 집안에서 자랐고 대학 강단에 서기까지 사회적으로도 성공가도를 달린 여자 분이었다. 부유한 집안과 혼인을 해 많은 재산을 소유하기도 했었는데 말기 암인 상태에서 요양원에 입소하셨다.

암 말기에 찾아온 통증과 사투를 벌이는데도 수려한 외모는 숨길 수 없었고 젊은 시절에는 모두를 감탄하게 하는 미모였겠다는 생각이 들었다. 가끔 방문하시는 분들도 같은 직장 동료였던 교수들이었다.

통증이 세차게 휘몰아치고 간 후 조용히 창밖을 내다보고 계시는 어르신께 다가가 조심스럽게 입을 뗐다.

"어르신, 어떻게 사는 게 잘 사는 거예요?"

"......"

보일 듯 말 듯 빈 웃음을 지으시더니 짧게 대답하셨다.

"인생은 허무한 거야."

지역에서 누구나 알만한 시장의 땅 전체를 가질 만큼 경제적으로 부유했고 여성으로 대학교수를 역임하며 세상 부러운 것 없이 살았다고 했다. 국내 최고 대학을 나온 잘난 사위를 맞아 운영하고 있던 사업체의 중요한 자리에 앉히고 사업을 더욱 성장시키도록 맡겼는데, 믿었던 사위가 100억 대의 재산을 다 빼돌렸고 그 충격으로 아들은 이민을 가버리고 딸은 이혼하고 어르신은 큰 병을 얻었다고 했다.

가을이 깊어가던 어느 날 어르신이 분위기 좋은 카페에 가서 커피를 마시고 싶다고 하셨다. 어르신의 소망을 핑계삼아 일탈을 꿈꾸는 소녀들처럼 대여섯 명 직원들이 요양원을 벗어나 갈대가 춤추는 들녘으로 나들이를 갔다. 가을 들판이 내려다보이는 새로 단장한 찻집에서 커피를 마시고 젊은 시절 애창곡이었다며 어르신이 부르는 '보리밭'을 듣고 함께 흥얼거리며 드라이브를 했다. 커피향처럼 진하고 짧은 가을 소풍을 다녀왔다. 그날 밤 어르신은 휘몰아치는 통증에 괴로워하셨고 며칠 후 임종은 집에서 하고 싶다며 집으로 가셨다.

어떻게 사는 것이 잘 사는 것인가에 대한 질문을 늘 가슴에 품고 살고 있다. 고 천상병 시인처럼 우리의 인생 소풍 마치는 날 좋았노라고 말할 수 있으면 좋겠다.

정답을 알면서도
오답으로 눈물짓다

　80대 중반이었던 차동미 어르신은 이혼한 아들과 함께 살고 계셨다. 반양옥집이라고 불리는 낡은 단층집에서 어르신은 안방을, 아들은 문간방을 사용했다. 나이 오십을 넘긴 아들은 하루에 한 번 떡이나 빵을 사다가 어머니 방에 넣어드리는 것으로 식사를 해결해 드리고 있었다. 겉이 말라 딱딱해진 떡이 침상 주변에 흩어져 있는 것을 자주 볼 수 있었다. 사계절 햇살이 들지 않는 침상에 누워 지내시던 중 주간보호센터로 연락이 닿아 만나게 되었다.
　연락받은 주소로 어르신을 만나러 간 날, 막다른 골목집이었던 어르신 댁의 초인종은 아무리 눌러도 반응이 없었다. 초록색 페인트칠이 군데군데 벗겨져 붉은 녹이 삐져나오는 대문은 '텅텅텅' 수차례 두드려도 열릴 기미가 보이지 않았다. 보호자의 연락처로 전화를 걸어도 통화 중 신호만 울리고 연결이 되지 않았다. 소개한 분께 난감한 상황을 알렸더니 아들이 집에 있을 텐데 아들이 전화를 길게 하는 편이라며, 오늘 어르신을 만나러 온다는 것을 알고 있으니 기다리면 열어줄 것이라고 했다. 차 안에서 기다리다가 골목을 서성이기를 수차례 반복하며 족히 한 시간은 기다렸다. '덜컹' 철문을 열어준 아들은 말총머리를 하고 체격이 건장했다. "들어 오이소!" 무표정하고 건조한 응대에 공연히 주눅 들어 오랜 기다림에 대한 불평도 하지 못하고 그 뒤를 따라 들어갔다.

미닫이문을 열고 들어서니 마루에 설치된 난로는 언제 피웠는지 먼지가 뽀얗게 덮여있었고 발바닥에서는 냉기가 느껴졌다. 마루를 지나 방문을 열고 들어섰다. 온기라고는 없는 좁은 방에 이동식 변기가 침대 옆에서 냄새를 풍겼고 한쪽 귀퉁이가 깨진 찻상에는 빈 그릇들과 숟가락이 흩어져 있었다. 낡은 침대 위에 1년을 덮었는지 2년을 덮었는지 알 수 없는 때 묻은 여러 개의 이불이 뒤엉켜 있었다. 전기장판으로 추위를 해결하는 듯 전깃줄이 침대에서 바닥으로 흘러내려 있었다.

적막한 일상을 흔드는 소리에 잠을 깬 듯 무표정한 얼굴로 낯선 이를 바라보는 어르신의 눈과 마주쳤다.

"어르신, 안녕하세요?"

인사를 해도 낯선 이에 대한 관심도 궁금함도 없는 무심한 표정이었다. 언제 감았는지 가늠할 수 없이 엉킨 머리카락, 푸석푸석해 보이는 붉은 빛의 얼굴은 건강에 이상이 있음을 알 수 있었다. 낯선 이에게 자신의 치부를 보인 아들은 자신이 어머니를 위해 최선을 다하고 있으나 어머니의 협조가 없다고 무덤덤하게 이야기했다.

"어르신, 저랑 같이 가요. 가서 맛있는 것도 드시고…"

"싫어. 안 가."

말을 다 마치기도 전에 툭 던지는 어르신의 대답이 단호했다. 좋은 환경에서 충분한 영양공급이 되면 건강도 더 좋아질 텐데 이해가 되지 않았다. 함께 가시면 매일 음식을 맛있게 해드릴 것이라고, 따뜻하고 쾌적한 환경에서 생활의 활력을 느낄 수 있다고 열심히 설명했지만 어르신은 등을 돌리고 누우셨다.

"엄마! 갔다 와요."

옆에 섰던 아들이 툭 던지는 명령조의 말에 마지못해 무거운 몸을 억지로 일으키셨다. 만사가 귀찮은 듯 말없이 벽에 걸린 옷을 가리키며 입고 누웠던 바지와 바꿔 입겠다는 표현을 하셨다. 옷을 바꿔 입혀드리니 느릿느릿 침상에 걸터앉은 채 화장대에 꽂혀있는 빗을 가리키셨다. 엉킨 머리를 빗겨드리고 비틀거리는 어르신을 부축해 신발을 신겨드리니 꺾어 신겠다고 하셨다. 굽이 조금 있는 신발이라 위험하다고 말렸으나 고집을 꺾을 수 없었다. 골목을 힘없이 휘적휘적 걷는 분을 옆에서 부축했음에도 어르신은 차가운 바닥에 미끄러지듯 넘어지셨다. 깜짝 놀라 어르신을 일으켜 세우려고 애를 썼지만 어르신은 대수롭지 않다는 듯 옷을 툭툭 털며 천천히 몸을 일으키셨다. 넘어졌을 때도 일어나

실 때도 아무런 표정의 변화가 없었다. 어르신을 센터로 모셔 시설을 구경시켜 드리고 따뜻한 방에서 편안히 쉬시도록 해드렸다.

이렇게 첫인사를 나눈 후 그걸로 해결된 듯 싶었다. 새로운 환경을 경험하셨으니 즐거운 마음으로 센터에 출석하실 것이라 생각했는데 아침마다 30분가량은 실랑이를 해야 모실 수 있었다. 준비하고 계시라고 미리 전화를 하면 아무리 신호가 가도 받지 않고 전화를 받으셔도 안 간다며 끊어 버리기 일쑤였다. 안 가겠다는 분을 설득하고 또 설득해 옷을 갈아입히고 머리를 빗기고 양말도 신겼다.

실랑이 하는 소리를 듣고도 꼼짝하지 않는 아들에 대한 원망의 마음이 일어났으나 표현할 수는 없었다. '엄마 일어나서 갔다 와요'라고 한마디만 해주면 이렇게 시간을 지체하지 않아도 될텐데…' 전기장판을 끄고 아무것도 들어있지 않지만 꼭 챙기는 작은 가방에 가제 손수건 한 장을 넣고, 만사가 귀찮다고 집에서 누워 지내겠다 고집을 부리셨지만 식사 문제도 있고 환경도 열악하므로 싸우듯 해서 센터로 모셨다. 센터에서는 언제 그랬느냐는 듯 식사도 잘하셨다. 직접 참여는 하지 않지만 다른 어르신들이 활동하는 모습을 옆에서 구경도 하고 간섭을 하며 피곤하면 누워 주무시기도 했다. 그런 모습을 뵈면 고생스러웠지만 잘 모셨다며 스스로를 칭찬했다.

차동미 어르신뿐만 아니라 외부활동을 해야 건강이 회복되고 여생을 좀 더 건강하게 생활할 수 있는 어르신들이 주위에 많이 계신다. 댁에서 하루종일 누워 지내면 건강이 나빠진다고 외부 활동의 필요성을 설명해도 누워서 TV 보는 게 제일 좋다며 거절하시는 분들이 많은데 그 고집을 이기지 못한다.

사회복지를 공부하는 과정에 대상자와 의견이 상충될 때나 결정이 어려울 때는 대상자의 '자기결정권'을 존중하고 '그분의 뜻대로 해야 된다'고 배웠다. 시험을 칠 때는 그렇게 정답을 고를 수 있지만 현장에서는 그럴 수 없는 경우도 많다. 설득하고 설득하다 안 되면 '본인이 원하니까 원하는 대로 내버려 두자'라고 손을 털었다가도 '그래도 그러면 안 되지' 하는 경우가 자주 발생한다. 정답은 알고 있으나 오답(?)을 선택하게 되는 것이 현장이다.

차동미 어르신은 싸우듯 4개월가량 센터를 이용하신 후 도저히 몸이 아파 못 나오겠다고 하셨다. 얼마 지나 아들로부터 전화를 받고 수화기를 든 채로 한참을 멍하니 서 있었다.

"영양주사도 가끔 맞혔는데 왜 영양실조로 사망하는지 모르겠어요."

노인의 인격은
어디로부터 오는가

 명절을 맞으며 요양원 어르신들과 함께 나물을 다듬고 다른 한쪽에서는 전기프라이팬과 식용유를 준비해 기름 냄새를 풍기며 명절 분위기를 돋우었다. 부추와 파도 다듬고 게맛살도 찢으며 왕년의 며느리였던 시절을 추억해보자는 기대로 부추전, 파전, 동그랑땡 등 전을 구워 현장에서 간식으로 드시도록 했다.
 파와 부추를 다듬다가 그것을 입으로 가지고 가서 씹는 분도 있다. 동그랑땡이나 동태전을 구울 때는 비교적 건강한 어르신들은 직접 뒤집개로 뒤집어 보시도록 했다. 왁자지껄 직접 다듬어 준비하고 현장에서 구운 따뜻한 전을 음료수와 함께 나누어 드리니 맛있게 드셨다. 즐거워하는 어르신들을 뵈면 분주하고 번거롭지만 거창하게 일을 벌인 보람을 느꼈다.
 바닥에 흩어진 밀가루와 신문지, 식용유와 집기들을 정리하며 분주하게 마무리를 하는데 간식을 다 드신 어르신들이 차례

차례 자리를 뜨셨다.

"이 사람아, 고생했제. 잘 묵었다."

치매로 끊임없이 아들을 찾는 한영자 어르신은 푸근한 시골 할머니의 인심 좋은 인사를 하고 휠체어를 밀며 자리를 뜨셨다. 몸은 피곤했지만 어르신들께 좋은 시간이 되었던 것 같아 직원들도 즐거운 마음이 되었다.

"에이, 맛대가리 하나도 없다."

보람된 수고로 기분 좋았던 직원들의 마음에 찬물을 확 끼얹은 분은 고등학교까지 다닌 것을 늘 자랑하고 모든 프로그램에 '내가 1등'이라고 자랑하던 어르신이었다. 수고한 사람의 마음은 전혀 생각하지 않고 한마디 툭 내뱉고 일어서는 모습이 아쉬웠다.

당신의 이름 석 자도 제대로 못 쓰는 어르신은 수고한 직원을 격려하시고, 내가 최고라고 공부 많이 한 것을 자랑하던 어르신은 수고한 직원들의 마음을 깡그리 무시해 버렸다. 배움이란 무엇인가? 노인의 인격은 어디에서 오고 어떻게 평가해야 하는 것일까?

요양원에 입소하는 어르신들은 가족들이 도저히 감당할 수 없을 만큼 정신적, 신체적으로 매우 중대한 장애가 있다. 한영자 어르신은 치매로 가족이 도저히 더 이상 모실 수가 없다고 두 손을 들어 입소하셨는데 슬하에 딸 여섯 명, 아들 한 명을 두셨고 시골에서 농사를 짓던 전형적인 촌노였다.

남존여비 사상이 강했을 당시에 외동아들이 얼마나 어르신 마음에 절대적인 존재였을지는 설명하지 않아도 알 수 있다. 어르신은 자주 아들을 찾으시며 아들과 통화를 하고 싶다고 하셨다.

"어르신! 아드님이 며칠 후에 어머니를 보러 오기로 했어요. 기다려봅시다."

거짓말을 하고 나면 잠시 잠잠하게 계시다가 다시 전화를 걸어달라고 하셨다. 그러면서 손자인 상덕이에 대해 묻지도 않은 이야기를 계속하셨다. 농사짓고 있는 아들과 군대 갔다 왔다는 손자에 대해 자주 말씀하셔서 아들 이름과 손자 이름, 딸 이름을 전 직원이 알게 되었다. 통화를 하고 싶다는 말씀을 꺼내면 통화가 이루어질 때까지 집요하게 요청하셔서 결국 전화를 해드려야 끝이 났다.

"여보세요, 거기 만수 씨네 집이지요? 한영자 어르신이 아드님 보고 싶다고 전화를 하셨어요. 받아보세요."

어르신이 들으시도록 큰 소리로 말을 하고 수화기를 어르신께 드렸다. 그러면 전화를 받은 사무실 남자직원이 아들인 것 처럼 통화를 했다.

"어무이, 잘 계십니까? 밥은 잘 드십니까?"

"오~야. 내는 잘 있다. 니도 잘 있나?"

"예, 저는 잘 있습니더. 들에 바쁜 일 끝내고 어무이 보러 가겠심더. 식사 잘하고 계시이소."

아들의 안부를 묻는 어르신께 아들인양 능청스럽게 하는 연기도 횟수가 거듭될수록 실감나게 늘었다. 어르신들이 요청할 때마다 보호자에게 연락을 하면 가족들이 불안해하고 생활에 지상을 받을 수 있어 가급적 자체적으로 진정을 시키고 꼭 필요한 것만 연락을 하려고 노력했다.

아들과 통화를 마친 어르신은 편안한 얼굴로 자리에 누우시거나 안정적으로 생활을 하셨다. 그 마음 좋은 어르신이 나만 보면 '질부'라고 부르셨다. '어르신의 조카며느리가 나와 닮았는가 보다' 생각을 했다. 복도를 지나다가 어르신 방 앞을 지나가면 영락없이 큰 소리로 부르셨다.

"아이고, 이 사람아! 이 사람 질부야!"

바쁘게 지나치다가도 활짝 웃으며 달려가 인사를 했다.

"여긴 어쩐 일로 왔노? 집에 할매는 잘 계시나?"

누구를 지칭하는지 알 수 없으니 그저 '다들 잘 지내신다'고 얼버무리며 대답을 하면 손을 잡고 반기셨다. 나를 만나면 어르신은 누군지도 모르는 고향 동네 친척 할매의 안부를 물으시고 여기는 어쩐 일로 왔느냐는 늘 똑같은 질문을 반복하셨다. 억양이나 분위기가 방학 때 시골에서 나를 맞아주시던 돌아가신 할머니의 말투와 몸짓이어서 순수한 그 마음에 푸근함을 느꼈다.

그런데 항상 질부라고 하며 챙기시고 하루에도 몇 번씩 내 모습만 보면 흐뭇하게 바라보고 불러 세우던 분이 자녀들이나 진짜 질부가 맛난 음식을 가지고 어르신을 뵈러 오면 그때는 절대로 나를 부르지 않으셨다. 그러한 모습을 알기에 일부러 짓궂게 인사를 하기도 했다.

"어르신 손님들이 많이 오셨네요. 맛있는 것도 많이 갖고 와서 좋으시겠어요."

"아…그래. 뭐 그냥…."

어르신은 말꼬리를 흐리며 맛난 거 하나 먹어보라는 말씀을 한 적이 없었다. 그리고 자녀들이 왔을 때는 나를 '질부'라고도 부르지 않으셨다. 자녀들이 돌아가고 나면 다시 나에게는 '질부'의 자리를 허락하셨다. 상황에 따라 왜 그런 반응을 보이셨는지 아직도 풀리지 않는 수수께끼다.

마지막 순간은
우리 의지에 있지 않다

　박기동 어르신은 91세로 치매를 앓고 계신 여자 분이었다. 목소리가 카랑카랑 힘이 있어 화를 내면 생활동 전체를 울렸으나 몸은 쇠약해져 침대와 한 몸을 이루고 계셨다.

　어르신에게 닥친 큰 아픔은 자녀들 얼굴을 전혀 기억하지 못한다는 것이었다. 자녀뿐만 아니라 매일 돌봐드리는 직원들의 존재도 모르기는 마찬가지였다. 화가 나면 상대를 가리지 않고 침을 뱉으며 욕을 하셨다. 기저귀를 갈아드리거나 식사 수발을 하면서도 침 세례를 받거나 발로 차이기 일쑤였다.

　효심이 지극했던 자녀들은 한 주도 빠지지 않고 어머니를 뵈러 왔다. 아들 며느리도 못 알아보고 "넌 누구야?" 앙칼진 서울 억양으로 맞이하는 어머니를 보며 "후~" 긴 한숨을 쉬고 돌아가곤 했다. 그러던 어르신이 지병이 악화되면서 '며칠 못 넘기시겠구나' 생각이 들 정도로 쇠약해지셨다.

"보호자께 연락을 드려야 하지 않겠습니까?"

간호담당 직원과 의논하고 보호자께 임종이 가까웠다는 것을 알렸다. 그동안 여러 차례 위험한 상황을 겪었고 그럴 때마다 병원에서 입원치료를 받아 회복하시곤 했는데, 더 이상은 입원치료를 받지 않겠다는 보호자의 사전 의견이 있었기에 위급하다는 사실만 알려드렸다. 위급하다는 말을 듣고도 치료를 거부하는 자녀의 마음을 충분히 이해할 수 있었다.

매주 어머니를 찾아뵈어도 웃어 주지도, 손잡아 주지도, 왔느냐고 반겨주지도 않고, 욕하며 침을 뱉는 어머니에게 질긴 인생의 끈을 놓아드리려는 마음을 아무도 탓하지 못하리라 생각한다.

"네…. 알겠습니다."

큰아들의 대답이 뭔가 주저하는 것 같았다. 다음 날 브라질을 가려고 모든 준비를 해놓았는데 중요한 일정을 취소했다는 사실을 나중에 알게 되었다. 다음 날 전국에 흩어져 있던 가족들이 어르신을 뵈러 모여들었다. 어르신 슬하의 육 남매가 그들의 자녀들과 함께 방문했다. 기력이 떨어진 어르신은 당연히 아무도 알아보지 못하셨고 힘이 없어 욕도 못하셨다. 호흡만 이어가는 어머니의 모습을 보며 조용히 눈물 흘리는 자녀도 있었다. 그렇게 하루 이틀을 버티자 현업에 있었던 자녀들은 다시 원래의 자리로 돌아갔고 어르신은 서서히 기력을 회복하셨다.

기력을 회복한 어르신은 몇 달 후에 다시 위기를 맞이하셨다. 다시 전국에서 자녀들이 모였고 며칠 후 어르신은 다시 기력을 회복하셨다. 서너 차례 자녀들을 소집시키고 몇 차례 고비를 넘기시더니 어르신은 기력을 회복하여 삼 년가량 카랑카랑한 목소리로 더 호령하시고 94세에 자녀들과 영원한 이별을 하셨다.

어르신의 경우 연명치료를 하지 않았음에도 4년가량 위험한 고비를 아슬아슬하게 넘기며 생명을 이어가셨다. 그 모습을 보며 자녀들이 오고 가는 것도 모르고 아무에게나 욕을 하고 침을 뱉는 상태로 생명을 이어가는 것은 무의미하다고 생각했다. 꺼져가는 호흡에라도 자녀들을 반기는 눈빛이라도 있으면 의미가 있겠지만 그렇지 않은 상태의 장수는 본인과 가족들 모두에게 짐이라는 생각이 들었다. 이후로 지인들이 의식 없는 부모님의 연명치료를 고민하면 나는 찬성하지 않는다고 하고 있다.

3장

정해진 시작과 끝은 없다

: 사회복지사는 어떻게 단련되나

의미 있는 삶에 대해
나부터 질문하라

'친구 따라 강남 간다'는 진부한 표현을 우리는 자주 쓴다. 내가 사회복지 분야로 들어선 까닭도 다른 적절한 표현을 찾기 어렵다. 특별한 계기나 누군가를 감동시킬 만큼의 이유가 없었다는 것을 설명하는데 이보다 적확한 문장을 찾지 못했다.

같은 교회를 다니는 교우 중 꽤 큰 규모로 사회복지법인을 운영하는 가정이 있다. 선대(先代)에서 가산을 투자하고 십시일반 후원하는 분들의 도움으로 전쟁고아들과 공동체 생활을 시작했는데 지금은 노인시설로 운영하고 있다. 가끔 같이 밥 먹는 정도의 관계로 지냈는데, 어느 날 뜻밖의 이야기를 했다.

"우리 집에 와서 일 좀 안 할래?"

"그게 무슨 말이에요?"

본인이 운영하는 양로원에서 어르신들을 섬길 직원을 뽑는다고 했다.

"힘든 일은 못해요."

갑작스러운 제의에 간단하게 답하고 말았다.

몇 개월 후 친구와 함께 사회복지 공부를 시작하게 되었다. 심각하게 고민하지 않고 '의미 없이 지나가는 시간이 아까우니 공부를 해보자'는 가벼운 마음으로 시작했다. 국가가 발전하면 국민의 복지향상으로 정책이 나아갈 수밖에 없다는 생각을 어렴풋이 했었다. 일상생활에 지장이 없도록 저녁 시간에 학교를 다니기로 했다. 밤에는 TV 드라마 보는 것과 간혹 있을 지인들과의 식사만 포기하면 될 것 같았다. 마흔을 넘긴 나이에 아들, 딸 같은 청년들과 함께 강의를 듣는 것이 어떨지 걱정되었지만 스스로를 격려하며 집에서 가까운 전문대학에 입학을 했다.

막상 개강하고 보니 야간수업이라 그런지 의외로 만학도가 많았다. 학교를 떠난 지 20년도 훨씬 넘겨 다시 공부를 한다는 게 무척 어색했다. 밤 열시까지 딱딱한 의자에 앉아 수업을 듣는 일이 육체적으로는 힘들었으나 새로운 분야를 공부하는 것은 무척 흥미로웠다. 그렇게 사십 대 아줌마의 늦깎이 공부가 시작되었다. 웬만한 모임은 모두 낮시간으로 바꾸고 친했던 TV와도 소원하게 지냈다. 딱딱한 의자에 앉아 밤 9시가 넘어가면 온몸을 비틀며 졸음과 싸웠다.

알차게 시간을 조절하며 강의를 들을수록 '사회복지 현장에서 일을 해볼까?' 하는 마음이 커졌다. 그렇게 한 학기가 지난 후 일전에 양로원 입사를 제안했던 분이 다시 '일을 좀 도와주면 안 되겠느냐?'며 의사를 물어왔다. 사회복지 공부를 하면서 사회복지 현장에 대해 마음이 많이 열려 있었기에 현재 사회복지를 공부하고 있다고 대답했다. 잘됐다며 가급적 빨리 결정하고 출근해 주면 좋겠다고 했다. 어차피 저녁에 수업을 듣고 있었기 때문에 문제 될 일은 없었다.

 그렇게 대구 외곽에 위치한 D양로원에 생활지도원으로 출근하게 되었다. 주경야독이라는 단어가 주는 느낌대로 무척 바빠졌다. 낮에는 어르신들의 필요를 채우기 위해 동동거렸고 밤에는 내려앉는 눈꺼풀과 씨름하며 엉덩이가 아프도록 강의실에 앉아있었다.

 사회복지를 공부하니 언제부터였는지 '복지'라는 단어가 귀에 들어오기 시작했다. 매스컴에서 나오는 복지정책이나 복지제도에 대한 이야기들이 들리고 이해되기 시작했다. 복지 사각지대에 대한 우울한 이야기를 들으면 나의 잘못인 듯 부끄럽고 미안한 마음이 들기도 했다. 관심이 커지는 만큼 시야가 넓어져 갔다. 단순히 불쌍하고 어려운 사람들을 도와주는 것이 사회복지라고 생각했던 것을 넘어 보편적 복지에 대해서도 눈이 뜨이기 시작했다. 사회복지사로서 자라기 시작한 시기였다.

 사회복지사가 되는 방법은 여러 가지가 있다. 4년제 정규대학 사회복지학 과정이나 대학원 박사 과정을 마치는 경우, 2년제 전문학사 과정을 마치는 경우, 사이버대학에서 2년 과정을 마치는 경우, 학점은행제로 1년간 과정을 마치는 경우 모두 2급 자격증을 취득할 수 있다. 과거에는 사회복지사 자격에 1급, 2급, 3급이 있었다고 하는데 현재 3급 자격은 폐지되었고 1급과 2급으로 나뉜다.

1급 자격증을 취득하기 위해서는 산업인력공단에서 시행하는 국가시험에 합격해야 한다. 2급 자격증은 시험 없이 해당 과정을 마치면 받을 수 있는 반면, 1급은 시험 자체의 난이도도 높지만 응시자격에도 제한을 두고 있다. 대학원이나 4년제 대학 사회복지학과 졸업예정자에게는 1급 시험에 응시할 자격이 주어지고, 다른 방식으로 2급 자격증을 취득한 경우는 사회복지현장에서 1년 이상 실무경력을 쌓아야 응시 자격이 주어진다. 이와 같이 변별력 없이 교육과정 수료만으로도 2급 자격증이 주어지기 때문에 사회복지사를 채용할 경우 1급 자격증 소지자를 선택하는 것은 어쩌면 당연한 일이라 하겠다.

학교를 졸업하고 2급 사회복지사 자격증을 받았다. 졸업하기까지 무척 바쁘게 지냈던 보람이 있었다.

"이제는 1급 자격증을 따 볼까?"

자격증을 받아든 날 동료들과 모인 자리에서 농담 반 진담 반으로 기쁨을 표현했다.

"그게 가능하겠어요?"

삼십 대 중반의 팀장은 어이없다는 듯 말하며 내 기분에 찬물을 끼얹었다. 오십 가까운 나이에 합격할 수 있겠느냐는 지극히 현실적인 말이었는데 자존심이 상했다. 폭넓게 일을 하려면 필요한 것이 자격증인데 자존심 문제가 되어버렸다는 점이 지금 생각하면 우습지만 그때는 진심이었다.

'그래? 그럼 내가 되는지 안 되는지 보여 줄게.' 혼자 비장하게 결심을 했다. 막상 시험 준비용 책을 구입했는데 재미없는 여덟 권의 책은 베고 자면 딱 좋을 두께였다. 인간행동과 사회환경, 사회복지조사론, 사회복지실천론, 사회복지실천기술론, 지역사회복지론, 사회복지정책론, 사회복지행정론, 사회복지법제론. 이 년간 수업을 들은 과목들인데도 전문용어들은 들어 본 지 까마득히 오래된 것 같았고 처음 보는 내용처럼 느껴졌다. 대충대충 훑어 보고나니 공부를 할 엄두가 나지 않았다.

'그래, 팀장 말대로 이건 못 하겠다.' 책만 사놓고 포기했다.

얼마 후 아버지와 통화를 하던 중 이러저러해 시험을 포기했노라고 대수롭지 않게 말씀을 드렸는데 뜻밖의 격려를 하셨다.

"아버지는 딸이 잘 해낼 거라 믿는다. 파이팅! 힘내!"

기대하시는 마음을 실망시키면 안 되겠다 싶어 밀쳐놨던 책을 다시 끌어당겨 공부를 시작했다. 동료들과 찜질방을 가서도 책을 봤고 피곤해서 오늘은 쉬자고 생각하다가도 '가능하겠어요?' 했던 말과 '잘할 거라 믿는다'는 말이 마음을 다잡게 했다.

수험생이 되어 어느 고등학교에서 8과목의 시험을 치렀다. 불합격일 것 같아 아무에게도 말하지 않고 발표 당일 살며시 컴퓨터로 합격자 발표를 확인했는데 놀랍게도 '합격'이라고 쓰여 있었다. 비현실적인 사실에 무척 기뻤다. 기대하셨을 아버지께 연락을 드렸다.

"해낼 줄 알았어. 수고했다. 장하다."

아버지의 격려가 합격까지 이르게 했다는 생각에 더욱 고마웠다.

내가 인생 이모작을 시작한 D양로원은 정원 팔십 명인 시설에 칠십여 명의 어르신이 모여 생활하고 계셨다. 부양해주는 가족이 없는 기초수급자 어르신들이 대부분이었고 그곳에서 자고 깨며 그곳을 집으로 여기며 살아가는 분들이었다.

어르신들은 각자의 방을 '우리 집'이라고 표현했다. 아침, 점심, 저녁 식사시간을 중심으로 일과가 진행되었고 거의 대부분 시간을 방에서 누워 지내는 암울한 회색 분위기였다. 어르신들은 특별한 행사가 없으면 종일 방에서 지내셨다. 무료하게 지내는 시간을 의미 있게 바꿔드리기 위해 여러 가지 여가프로그램을 편성하기도 했지만 참여율은 20%를 넘기지 못했다. 매사 의욕이 없는 분들이라 참여율을 높이는 데 어려움이 많았다. 간혹 외부에서 손님이 방문하거나 공연활동을 하는 분들이 올 때 빈 자리가 많으면 방문자들에게 미안하니 참여를 적극적으로 권유해 자리를 채우는 형편이었다.

양로원에 계시는 분들은 신체기능이나 인지기능이 정상이므로 통제하거나 금지하는 것은 없었다. 동료 어르신들이나 시설에 피해를 끼치는 행동만 하지 않으면 큰 제재는 없었다. 아침잠이 없는 건강한 어르신들은 일찍 일어나 인근 산으로 산책을 다녀오기도 했지만 훨씬 많은 수의 어르신들은 아무런 활동도 하지 않았다. 잠이 깨면 간단하게 세수를 마치고 아침 식사를 알리는 종소리가 날 때까지 누워 계시다가 식사를 하고 다시 방에 누워 점심 식사 시간을 기다리셨다. 의미 없이 TV에 시선을 고정시키고 화면이 흐르는 것만 응시하다가 점심 식사를 하고, 다시 방에 누워 저녁 식사를 한 후 초저녁에 잠자리에 들었다. 오후 8시면 생활동 전체가 캄캄해졌다.

어르신들의 생활모습을 보며 종일 무기력하게 아무런 활동도 없이, 심지어 여가프로그램조차 참석하지 않고 아까운 시간을 허비한다는 생각에 안타까운 마음이 컸다.

'뭐라도 좀 하시지 왜 아무것도 안 하고 아까운 시간을 버리실까?'

저녁에 주무시고 아침에 일어나 아침, 점심, 저녁 식사하고 다시 주무시고, 다시 일어나 아침, 점심, 저녁···. 그런 생활은 남자나 여자나 차이가 없었다. 다른 점이 있다면 남자 어르신들은 방에 가만히 누워 지내기보다는 평상에 앉아계시거나 외출을 하는 경우가 좀 더 많았다.

그렇게 어르신들의 소비적(?)인 생활에 혼자 불만을 품고 있던 중 불현듯 '나도 마찬가지구나' 하는 생각이 들었다. 아침에 일어나 식구들 챙겨 학교로 직장으로 보내고 바쁘게 출근해 어르신들 수발한 뒤 저녁에 돌아온 가족들 챙기고 피곤하다며 잠들고, 다시 일어나 아이들 깨워 학교 보내고 다시 출근해 바쁘게 뛰어다니고 저녁에 아이들 잠자리 드는 것 확인하고…. 어르신들이 개인 방과 식당에 중심점을 두고 반복적으로 움직였다면 나는 집과 양로원에 중심을 두고 똑같은 생활을 반복하고 있었다. 어르신들의 일상을 무의미하게 허비되는 시간이라고 판단할 만큼 나의 생활은 크게 의미가 있는 것인가 반문했다. 내 종종걸음 안에서 아이들이 자라가는 것 이상의 의미는 없다는 생각에 도달하고는 종일 누워 지내는 어르신들의 모습을 보며 공연히 안타까워하며 불만이던 마음이 정리되었다. 그러면서 '어떻게 살아야 의미 있게 사는 것인가?'라는 물음이 생겼다. 그 이후로 그 질문을 늘 마음에 품고 살고 있다.

마음이 원하는 것과
제도가 하려는 일

양로원에서는 어르신들이 기거하는 개인 방을 스스로 청소하고 정리하도록 했다. 몸이 불편한 분들의 빨래나 공동으로 사용하는 양호실 등은 직원들이 관리하고, 어르신들께도 적당한 일을 드리고 책임감 있게 각자의 일을 하도록 지지하는 것이 무기력하게 지내는 분들께는 필요하다고 판단했다.

세탁물을 관리하는 위생원이 있어도 자신의 의복을 남에게 맡기지 않는 분들도 많았다. 세탁기를 돌려도 동료의 것을 함께 세탁하는 것은 싫어하셨다. 그래서 세탁실은 늘 빨래소쿠리가 줄을 서 있었다. 양로원 생활동 한쪽에는 어르신들의 의복과 이부자리 등을 보관하는 공간이 따로 있어서 옷과 양말, 수건, 베개, 이불, 요 등이 언제나 천정에 닿을 듯 높이 쌓여 있었다. 의복을 관리하던 나이 많은 위생원은 비슷비슷한 색깔과 모양의 옷가지들이 섞여 있어도 누구의 옷인지 정확하게 가려내어 어르신들께 갖다 드렸다. 가끔 재봉틀을 잘 다루는 자원봉사자가 수선할 옷이나 해진 옷이 있으면 고쳐주기도 했다. 바지가 자꾸 길어진다며 수선을 의뢰하시는 분들이 많았다. 어르신들의 바지는 왜 해마다 길어지는 것일까?

장기요양보험제도가 생기기 이전에는 다양한 영역으로 자원봉사를 하는 분들이 많았다. 옷을 수선해 주시는 분, 현장에서 별미 짜장면을 만들어 주시는 분, 정기적으로 어르신 목욕을 도와주시는 분, 매달 어르신들 머리 손질을 해주시는 분 등 분야도 다양했다.

그중 사십 대에서 육십 대의 주부들로 구성된 '여우회'라는 봉사단체가 있었다. 정기적으로 방문해 어르신들 목욕도 시켜드리고 명절이나 큰 행사가 있을 때 명절 음식이나 잔치 음식을 능숙하게 만들어 행사를 풍성하게 치를 수 있게 도와주는 너무나 고마운 분들이었다. 그런데 이 봉사단이 장기요양보험제도가 생긴 후 와해되었다.

어버이날 행사 음식을 뷔페식으로 계획하고 음식 준비를 위해 '여우회'에 도움을 요청했다. 그랬더니 회원 대부분이 요양보호사 자격증을 받아 장기요양현장에 근무하고 있거나 자격증을 준비하느라 요양보호사 교육원에 다니고 있어서 봉사활동이 어렵다고 했다. 여우회처럼 정기적으로 찾아오는 봉사단체들은 어르신들과도 친숙해져서 따뜻하게 안부를 나누며 반가워했는데, 늘 인정에 주려있는 어르신들은 살갑게 다가왔던 봉사자들을 못

본다는 말에 많이 섭섭해 하셨다. 장기요양보험제도가 생기면서 신체적인 도움을 제공하는 자원봉사자를 찾기가 어려워졌다. 대부분 봉사활동을 하겠다고 문의하는 이들은 악기 동호회나 가요나 민요 동호회로 각자의 재능으로 어르신들을 즐겁게 해드리고자 하는 봉사자들이다. 예전처럼 청소와 목욕, 음식 장만하는 일을 도와주는 봉사단체는 거의 찾을 수가 없다.

자원봉사에 대한 마일리지 제도가 도입되면서 봉사자가 하는 수고에 대해 반대급부로 보상을 하며 봉사에 대한 의욕을 고취시키고 있다. 그래서인지 이전에는 봉사활동 후 따뜻한 차 한 잔과 고맙다는 인사에 뿌듯한 보람을 가지고 돌아갔지만, 요즈음은 '9시에 집에서 나와 10시부터 12시까지 했는데 몇 시간 봉사로 인정해주느냐?'는 질문을 하며 반대급부를 많이 요청하는 편이다. 그럴 때면 시대적 변화를 인정하면서도 예전의 봉사활동 모습이 생각나고 순수한 봉사의 마음으로 달려왔던 문화가 없어지는 것 같아 아쉬운 마음도 든다.

아침에 출근하면 간단한 직원회의 후 생활실을 라운딩하며 어르신들의 근황을 살피고 인사를 나누는데 지난밤 있었던 이런 저런 얘기들을 들을 수가 있었다.

"같이 자는 할매가 선풍기를 틀어놓고 자서 추워 잠을 못 잤다."

"7년 전에 생긴 대상포진이 아직도 아픈데 저 할매가 잠결에 건드려 많이 아팠다."

아침 드라마를 보다 흥분하실 때는 함께 동조하며 목소리를 높이면 즐거워하셨다.

"저 여우 같은 것이 아들을 꼬여서 집을 나갔다."

"아주 못됐네요. 저렇게 못돼서 벌을 받을 거예요."

그날도 그렇게 라운딩을 하는데 저 앞쪽의 방문이 살며시 열리더니 평소 말씀이 없고 조용한 여자 어르신이 손짓을 하며 얼른 오라고 하셨다. 까치발로 보는 사람이 없는지 확인하고 어르신 방으로 얼른 들어갔다.

"어르신! 왜요?"

어르신은 '현미우유'라고 적힌 낯선 우유통을 내미셨다. 만면에 미소를 머금고 나를 주려고 우유통을 열어 기다리고 계셨다.

"이거 먹어유."

"이 귀한 걸 어르신 드셔야지요."

"남들 봐유, 어서 먹어유."

오랜만에 조카딸이 고모님 드시라고 가지고 온 것을 귀한 거라고 날 주려고 일부러 남겨두었다고 하셨다. 나는 어르신들로부터 무언가를 받는 것을 무척 불편해 하는데, 꼭 주고 싶은 걸 거절하면 섭섭해하셔서 감사하다는 인사를 하고 한 모금 머금었다.

'아! 상했구나.'

살짝 상한 걸 알았지만 어르신 앞에서 뱉을 수가 없어 별일 없기를 바라며 꿀꺽 삼켰다.

"어르신 맛있네요. 너무 감사해요. 이건 제가 사무실에 가져가서 마저 먹을게요."

한 모금 먹고 나서 그냥 들고 나오려 하니 다른 사람들에게 뺏기지 말고 혼자 다 먹고 가라며 막으셨다. 망설여졌지만 그 자리에서 상한 우유 한 통을 다 마셨다. 맛있게 먹는 모습을 흐뭇하게 바라보시던 그 표정을 뭐라고 표현해야 할까? 상하기는 했지만 사랑하는 마음으로 주신 것이라 그랬는지 아무 탈이 없었다. 그 후 나를 바라보는 어르신의 눈빛이 더욱 따뜻해졌다. 노인시설에 근무하면서 어르신들에게 사랑을 많이 받은 걸 늘 감사하게 생각한다.

우리는 '위문'을
받고 싶지는 않다

지방자치단체가 개인이나 법인에 운영을 위탁하고 관리하는 양로원은 부양가족이 없는 분이 대부분이지만 조건이 맞으면 자녀가 있어도 입소가 가능하다. 김두리 어르신이 그런 경우였는데 추석을 맞아 아들 집에 간다고 소문을 자자하게 내고 다니셨다. 아들 집에 가서 며칠 쉬다 오겠다고 자랑 반 뉴스 반으로 알리셨고 추석 전날 아들이 와서 모시고 갔다.

들뜬 마음으로 아들 집에 가셨던 어르신은 화난 상태로 추석날 오후에 양로원으로 돌아오셨다. 아무도 묻지 않았지만 어르신은 이 사람 저 사람을 붙들고 그간의 일을 일러주셨다. 오랜만에 아들 집에서 하룻밤 자니까 너무 좋아서 며느리에게 하루 더 자고 가겠다고 하셨단다. 그러자 며느리 표정이 냉정하게 변했고 그러한 며느리의 반응에 기분이 나빠 편들어줄 아들에게 일러줬더니 '여기 엄마 집 아니잖아요'라고 했단다. 화가 나서 '당장 양로원으로 데려다 달라'고 했더니 두 번 물어보지도 않고 바로 데려다 주고 갔다며 며칠간 분이 풀리지 않아 같은 말씀을 반복하셨다.

모든 노인시설이 마련하는 연간 행사 가운데 어버이날 행사는 매우 큰 행사다. 어르신들을 즐겁게 해 드리기 위해 화려한 외부공연단도 초청하고 선물도 준비하며 신경을 많이 쓴다.

입사 후 처음 맞은 어버이날. 긴장하며 맛난 음식을 준비하고 외부공연팀을 초청하고 순서를 짜며 분주하게 뛰어다녔다. 원장님 인사말에 이어 축하하러 오신 기관장들의 덕담도 듣고 직원들이 어르신들 몰래 준비한 율동도 틀리지 않으려 신경쓰며 잘 마무리 했다. 전체적으로 매끄럽게 진행되어 안도하며 그제야 어르신들의 표정을 살피다가 깜짝 놀랐다.

화려한 무대와 음향, 춤사위에 걸음이 바쁘면서도 신난 것은 직원과 공연단, 방문객이었고 어르신들은 무표정하게 기계적으로 박수를 치고 계셨다. 모든 순서가 실수 없이 진행되어야 한다는 것에 온 신경을 집중해 음향을 조절하고 방문 손님들을 영접하며 분주하게 순서를 진행하느라 정작 주인공인 어르신들의 마음을 읽지는 못하고 있었다.

'이렇게 열심히 준비하고 최선을 다해 즐겁게 해드리려고 노력하는데 어르신들 반응이 왜 이렇지?' '왜 웃어주지 않는 거지?'

충격을 받고 서운한 마음이 들었다. 들떠있던 마음이 싸하게 가라앉았다. 그러다 문득 기쁠 때 웃고 슬플 때 우는 단순한 감정의 표현도 생소할 만큼 살아온 삶이 험하고 힘드시지 않았을까? 하는 생각이 들었다. 서운하던 마음은 사라지고 왈칵 눈물이 났다. 성대하게 무대를 꾸미고 많은 외빈들을 부르고 화려한 공연을 당연히 기쁘게 받으실 것이라 생각했던 마음에 충격을 받았다. 어르신들과 시간을 많이 쌓은 후 어느 어르신께서 말씀하셨다.

"기념일이라고 외부에서 와서 선물도 주고 행사를 해주는 게 고맙기는 한데 썩 달갑지는 않아. 시설에 있는 노인네들 어떻게 지내나 보자 하고 우르르 몰려 와서 같이 사진 찍자고 하는 게 싫어."

설이나 추석이 되면 여러 관공서에서 기관장들이 선물 보따리를 가지고 시설의 어르신들을 뵈러 온다. 선물을 전달하고 가면서는 인증으로 어르신들과 함께 사진을 찍자고 한다. 그런 날은 지방 뉴스 시간에 어느 기관장이 복지시설을 방문해 선물을 전달했다는 뉴스가 나온다. 방문을 위문이라고 보도하는 경우도 많다. 위문은 '불행에 처한 사람이나 수고하는 사람 등을 위로하고 사기를 진작하기 위해 방문하거나 안부를 물음'이라고 사전에서 정의하고 있다.

외부인이 위로한다는 마음으로 호기심을 가지고 어르신들을 보러 오는 것이 싫은 것이었다. 그렇다고 공동체 생활에서 개인적인 기분을 내세우고 외부 인사들에게 불편함을 드러내어 시설을 운영하는 이들이 곤란해지는 걸 원치 않아 참석은 하지만 속마음은 동정 받는 듯한 분위기가 싫은 것이었다. 미처 헤아리지 못했던 어르신의 마음이었다. 어르신의 속마음을 들은 후 자원봉사를 신청하는 단체 중에 어린이들이나 중고등학생, 청년들의 자원봉사는 받아들이되 어르신들로 구성된 봉사단은 배제하게 되었다. 동년배들이 왔을 때 누구는 위로하러 오고 누구는 그들로부터 위로를 받는 처지가 된다는 상황이 어떤 심정인지, 내가 그 입장이 되어보아야 알 수 있다.

회원들 개개인이 회비를 내어 수십 년째 노인 복지시설을 찾아 선물을 전달해주는 단체도 있는데 개인들이 뜻을 모아 긴 세월 선행을 이어가는 분들이라 참 감사하게 생각한다.

어르신들을 방문하면서 빈손으로 찾아뵐 수 없어서 선물을 가지고 방문하는데 그 선물들을 쌓아 놓고 어르신들과 기관장들이 함께 방문기념 사진을 찍는다. 사진에 너무 빈약해 보이지 않게 선물을 쌓아 놓고 찍으려니 부피가 큰 선물을 준비하게 된다. 두루마리 휴지는 부피도 커서 풍성하게 보이고 생활필수품이니 단골 메뉴로 선택되어 사진을 찍으면 그 역할을 톡톡히 한다.

여러 가지를 고려할 때 방문 물품 중에 개인적으로 달갑지 않은 것이 라면이다. 젊은 사람 중에도 라면을 먹으면 소화가 잘 안 되고 불편해하는데 연세 많은 어르신들은 그 정도가 더 심하다. 그래서 부피 큰 물품을 고민하더라도 라면은 한 번 더 고려해야 될 품목이라고 생각한다. 많이 들어온 라면을 배식하게 되는데 가정에서처럼 한두 개씩 끓일 수가 없으니 어르신들이 라면을 받아 드실 때는 불어서 우동처럼 되는 경우가 많고, 드신 후에도 속이 안 좋다는 말씀을 하시는 분들도 많다. 그래도 사진을 찍을 때는 매너있게 웃으면서 찍는 어르신들의 마음을 한 번 더 헤아려주면 좋겠다.

미움도 기쁨도
함께 불어오는 바람이니

　일상생활은 자유롭지만 특별한 이벤트나 사건이 별로 없는 무료한 공동체 생활에서 간혹 서로 마음이 맞는 친구가 있다는 것은 참 복된 일이다. 노인시설 어르신 중에 서로 좋아하는 분을 만나는 경우가 가끔 있다. 양로원의 어르신들은 인지기능이 정상적인 분들이므로 자유롭게 의사 표현이 가능하고 함께 외출해 맛난 것도 드시며 즐겁게 생활하는 모습은 보는 이들도 즐겁게 한다.

　90세 여자 어르신이 양로원에 입소 하셨는데 그보다 열 살쯤 어린(?) 남자 어르신과 좋은 마음으로 사귀셨다. 아침 식사를 마치고 남자 어르신이 먼저 외출을 하고 나면 십 분쯤 뒤에 여자 어르신이 나가셨는데 저녁때는 함께 돌아오시곤 했다. 연세가 많은 분들이 마음 설레며 데이트하는 모습이 참 보기 좋았다. 어제나 오늘이나 똑같이 식사 시간만 기다리던 생활에서 가슴 설레는 대상이 있어 함께 나들이 가고 행복하게 웃는 모습에 덩달아 기분이 좋았다. 그 사이에 삼각관계로 마음 아파하는 분이 계시기도 했지만 감정의 속살을 드러내는 순수한 사랑의 감정이 살아있음이 좋게 느껴졌다.

   부양가족이 없어서 입소한 어르신들은 끊임없는 기다림의 연속선 위에서 일 년에 한두 번 친척들의 방문을 받거나 수년 만에 찾아오는 조카를 맞이하기도 한다. 마음을 나누어줄 곳이 없어서인지 양로원 마당으로 모여든 길고양이들에게 먹이를 주며 마음을 나누는 분들이 있었다. 당신의 식사를 조금 남겨 매일 같은 장소에서 먹이를 주니 신기하게도 고양이가 그것을 기억하고, 먹이를 주는 어르신이 다가오면 그리로 모여들어 다리에 몸을 비비며 반기곤 했다.

   사랑은 관심이라고 하는데 매일 고양이들과 유대를 가진 어르신들은 수많은 고양이들의 족보를 줄줄 꿰고, 바쁘게 다니느라 건성으로 바라보는 직원들에게 고양이 가족들을 설명해주곤 하셨다. 어떤 고양이가 어미인지, 자식인지, 손자인지 다 알고 계셨고 고양이들도 먹이를 주는 어르신들을 기억하고 반겼다. 돌봐주는 주인이 없는 고양이들과 돌봐주는 자식이 없는 어르신들의 만남. 마치 서로의 사정을 공감하듯 각자 가진 온기를 나누는 오후는 외롭지만 따뜻했던 풍경으로 기억된다.

   직장에서 일을 한다는 생각보다 취미생활을 하듯 양로원에서 즐겁게 일을 했다. 어르신들과의 시간이 좋았고 동료들과도 서로 돕고 보완해가며 잘 지냈다. 하지만 완벽한 직장은 없다고 했던가? 시설장과의 갈등은 즐겁게 출근하는 걸음을 주저하게 만들었다.

충동적이고 거침없이 표현하고 행동하는 원장과 반대로 감정을 잘 표현하지 않는 것이 익숙해진 내가 서로 성격을 맞추기는 쉽지 않았다. 처음에는 거침없이 말하고 행동하는 것이 시원시원하고 신선하게 느껴지기도 했다. 그러나 거침없는 말로 인해 상처받는 사람들이 생기는 것을 보면서 지나치게 솔직한 것이 좋은 것만은 아니라는 생각이 들었다. 언젠가부터 사무실 문을 열면서 가슴이 두근두근거리며 불안해하는 나를 발견하고 퇴사를 고민하게 되었다.

지금은 기억도 나지 않는 사소한 사건으로 충돌이 일어난 어느 날 더 이상 미련두지 말자 생각하고 맡았던 업무를 마무리했다. 5년을 함께 웃고 땀 흘리며 부대꼈던 동료들과 헤어지자니 서운했다. 당장 다음 날 아침부터 나를 찾을 어르신들을 생각하면 마음이 아팠지만 동료들에게 사직한다고 언질을 주고 직원들이 퇴근한 후 사직서를 적어 놓고 나왔다.

매일 눈을 뜨면 즐겁게 달려가 마음을 쏟아 일했던 곳이라 다음 날 아침잠에서 깨었으나 당장 준비하고 나갈 곳이 없다는 사실이 실감 나지 않았다. 일을 그만두면 이런저런 것을 하리라 마음을 먹었는데 그렇게 소원하던 늦잠도 뜻대로 되지 않았다. 출근할 때보다 더 일찍 눈이 떠지고 마음은 텅 비어 허전했다. 마음은 오롯이 양로원에 두고 몸만 나온 것 같았다.

낮 시간 느닷없는 전화에 친구들이 오히려 당황했다. 오랜만에 시간 구애 없이 수다를 떨고 밥도 먹고 근교로 드라이브도 했지만 집에 돌아와 조용한 시간이면 다시 텅 빈 마음을 확인하게 되었다.

'살이 자꾸 빠져서 체중이 37kg밖에 안 나간다고 걱정하는 최민자 어르신은 방석을 푹신한 걸로 바꿔 드려야 하는데….'

'길순남 어르신은 저혈당 때문에 위험해서 요구르트를 챙겨 드려야 되는데….'

'이경득 어르신은 약을 과하게 드시지 못하게 절제를 시켜야 되는데….'

생각이 꼬리에 꼬리를 물고 이어졌다. 열심히 일하고 맞이하는 휴일은 꿀맛이었다. 며칠 휴가라도 받으면 이런 세상도 있나 싶을 만큼 여유롭고 행복했는데 갑자기 큰 덩어리로 주어진 휴일은 행복하지 않았다. 곧 괜찮아질 거라고 생각했는데 다른 시설에서 어르신들을 만나 바쁘게 살아가면서야 그 자리가 메워졌다. 결국 채 3개월을 쉬지 않고 다른 어르신들을 만나러 나섰다.

요양시설의 바쁜 일상
"대화가 필요해"

　새로 지어 공원처럼 잘 꾸며진 S요양원에 오픈 멤버로 참여하게 되었다. 개원 준비를 하며 텅 비었던 방에 침대가 들어오고 침대커버와 어울리는 이불 색깔을 고르느라 머리를 맞대는 것으로 새로운 업무를 시작했다. 개인별 사물함이 들어갈 위치를 고민하고 최신 주방기기가 설치된 주방에 밥공기부터 수저까지 꼼꼼히 챙겨 넣었다. 큰 화구에 맞는 대형 국솥과 프라이팬 등 조리기구들도 구입했다. 시설을 구경하러 올 보호자와 방문객이 신을 실내화로 신발장을 채우고 나니 어르신들을 맞아도 될 온기가 조금이나마 느껴졌다.
　휑한 시설에 처음 입소한 어르신을 잊을 수가 없다. 초등학교 교사로 평생을 지낸 채화자 어르신은 전반적인 신체기능이 저하되어 일어나 앉지도 못하고 24시간 누워서 지내는 완전 와상상태였다. 편식도 무척 심해서 몇 가지 음식을 안 드시는 것이 아니라 특정 종류의 요구르트 음료만 드시고, 유일한 혈육인 여동생이 집에서 만들어 오는 동그랑땡이나 야채전만 드셨다. '피골이 상접하다'는 표현은 바로 깡마른 어르신의 모습을 표현하는 말인 듯했다.

그러나 어르신은 도와주는 직원에게 늘 고맙다는 표현을 자주 해 수고하는 직원들에게 기쁨을 안겨주었다. 어느 날 팔십 세가 넘어 기운도 하나 없이 누워만 지내는 어르신이 오십 대 중반의 직원을 물끄러미 바라보시더니 입을 떼셨다.

"선희 아이가?"

"어떻게 이름을 아세요?"

깜짝 놀란 직원이 여쭈니 경주시 산내면에 있던 국민학교를 다니지 않았느냐고 물으셨다. 젊은 시절 첫 부임지였던 초등학교에서 가르쳤던 제자를 요양원에서 만난 것이었다. 어르신은 제자 이름까지 기억해서 모두를 깜짝 놀라게 하셨지만 제자는 선생님을 알아보지 못했다.

어르신은 드시는 것이 없으니 늘 기운이 없었지만 직원들에게는 낮은 소리로 '장미꽃같이 예쁘다' 같은 고급 표현으로 우아하게 칭찬을 해주셨다. 어르신은 좋아하는 찬송가를 큰 글씨로 적어달라고 하셨고 자주 그것을 보며 조용히 부르거나 기도를 하거나 가사가 적힌 종이를 보다 잠이 들기도 했다. "한숨 주무셨어요?" 물으면 "아니, 잠시 기도했어." 귀여운(?) 말을 지어내기도 하셨다.

좋아하는 성경 구절이 있다고 적어 달라 하셔서 궁서체로 출력하여 갖다 드렸더니 "글씨를 어쩌면 이렇게 잘 쓰냐?" 감탄을 하셨다. 직접 쓴 게 아니라고, 컴퓨터로 인쇄를 한 거라고 말씀을 드려도 이해하지 못하셨다. 어르신이 주로 활동하던 시절에는 컴퓨터가 오늘날처럼 보급되지 않았으니 이해하지 못할 수도 있겠구나 싶었다. 그 후로도 만나기만 하면 글씨를 잘 쓴다고 칭찬을 하셔서 난감했다.

첫 입소자라는 특별한 의미로 어르신을 만났는데 8년을 근무하고 퇴직을 할 무렵에는 치매가 심해지셨다. 먼저 세상을 떠난 남편과 아들이 방문할 거라며 하루하루 간절하게 기다리는 모습이 안타까웠다. 병약한 언니가 염려되어 좋아하는 음식을 만들어 매주 방문하던 여동생이 자신의 암 발병 소식을 전하며 남겨질 언니를 걱정할 때는 마음이 많이 저렸다. 발병 소식을 전하고 3개월 후부터 동생이 더 이상 면회를 오지 못했지만 어르신은 그 사실을 제대로 인식하지 못하셨다. 유일한 혈육이던 동생이 먼저 세상을 떠나게 되어 이제는 동그랑땡을 만들어오지 못한다는 사실도 어르신은 알지 못했다. 모르는 것이 오히려 다행이라고 생각했다.

한 분 한 분 입소자가 늘어나면서 비었던 생활실이 채워져 갔다. 빈 백지에 새로 그림을 그려나가는 느낌이라고 할까? 80명 정원을 채우기까지 2년이 걸렸다. 아침에 출근하여 안부를 묻고 어르신들과 눈을 맞추며 걱정거리, 불만 사항, 가족들에 대한 그리움, 신체의 변화 등을 체크했다. 양로원과 달리 요양원에 계신 어르신들은 신체적으로나 정신적으로 중증의 장애를 가진 분들이다. 자립적으로 일상생활이 불가능하기 때문에 곁에서 돕는 직원의 역할이 매우 중요하다.

밤을 함께 지내며 직접적으로 신체수발을 돕는 요양보호사들은 아침 세수와 밤새 사용한 기저귀 교체, 실내 청소로 하루를 시작한다. 아침 식사와 양치질을 도와드리고 나서 다시 휴식하도록 눕혀드린다. 욕창 위험이 있는 분은 두 시간 간격으로 돌아눕게 해야 하고 깔고 누운 요에도 주름이 생기지 않도록 살펴드린다. 개인별 물통에 물을 채워 수분공급이 부족하지 않게 해드린다. 목욕을 시켜드리고 생활환경을 깨끗하게 정리해드린다. 아침 식사 후 어르신들이 쉬는 동안 식사량, 기저귀 교체한 시간, 용변량 등을 세심하게 기록한다. 신체적인 돌봄 상황이 종일 반복적으로 일어나기 때문에 어르신 80여 명에 요양보호사만 33명이 배치되어도 늘 바쁘게 종종걸음을 한다.

S요양원은 어르신 80명과 직원 52명이 공동체를 이루어 생활했다. 행정담당, 시설관리 및 운전담당, 주방에서 식사를 담당하는 영양사와 조리사, 간호(조무)사와 물리치료사, 의복세탁 관리와 청소를 담당하는 위생원 등이 모두 바쁘게 활동했다. 모두가 짜여진 일과대로 분주하게 움직이는 동안 가만히 누워 지내는 어르신들의 마음을 읽고 이야기를 들어드리는 역할은 사회복지

사의 몫이다. 그러자면 라운딩 시간이 길어지고 오전 시간을 많이 할애해야 하는데 가끔 긴 사연을 꺼내 놓으시면 중간에 자르지 못해 조바심을 내기도 했다.

간혹 자원봉사자들이나 사회복지사 현장실습생, 요양보호사 현장실습생들이 오면 가급적 어르신들 곁에서 대화를 많이 나누도록 부탁했다. 직원들은 이미 어르신들로부터 똑같은 말씀을 셀 수 없이 많이 들어 대신 얘기할 수도 있을 정도였고, 이야기에 특별한 반응이 없으면 이야기하는 분이 흥이 안 나니 어르신들의 이야기를 들으며 생동감 있는 리액션도 곁들여 주었으면 좋겠다고 덧붙였다. 인생의 마침표를 찍기 직전인 어르신들의 마음을 읽어드리도록 부탁을 하고 실습이 진행되면 과정 중에 좀 힘들고 어려운 상황이 발생해도 이해하고 협조적으로 반응을 하는데, 단순히 업무적인 전달만 하면 쉽게 공감하지 못하고 작은 사건에도 예민하게 반응하는 것을 경험했다.

요양보호사 실습생들은 교육과정에서 이론적으로 배운 모든 것을 현장에서 실습하길 원하지만 40시간의 현장실습으로 그들이 직접 수행할 수 있는 것은 별로 없다. 예를 들어 이론으로 배운 환자 이동을 현장에서 체험할 수는 없다. 그들이 준(準)와상 상태의 어르신을 휠체어에 옮겨 태우거나 휠체어에 앉아 계신 분을 침대에 눕히는 것은 불가능하다. 숙달된 경험자가 아니면 쉽게 할 수 없는 일이고 위험한 상황이 발생할 수 있어 실습을 시켜줄 수도 없다. 그저 능숙한 직원들이 하는 것을 곁에서 지켜볼 뿐이다. 같은 이유로 목욕도 시킬 수 없고 어설프게 기저귀 교체를 하면 어르신들이 불편하기 때문에 참여가 안 된다. 그러자니 그들이 할 수 있는 역할은 청소와 말동무 등으로 한정될 수밖에 없다. 그럴 것이라고 사전에 충분히 설명을 하면 수긍하고 받아들이지만, 그렇지 않으면 아무것도 가르쳐주지 않고 청소만 시키더라는 불만이 나오게 된다. 그래서 실습생들과 인생의 흐름이나 어르신들의 생활모습에 대해 충분히 이야기를 하며 공감이 되기를 희망했고 현장실습을 통해 어르신들의 마음을 읽을 수 있기를 바랐다.

공감과 이해,
쉽고도 어려운 줄다리기

　요양원에는 한 방에 4명 이상 기거를 못하도록 규정되어 있다. 인생의 종착역에 서게 되면 더 이상 기대도 욕심도 없을 것 같지만 작은 공간 안에서 생활하다 보면 생의 종착역에 다다른 어르신들 사이에도 여러 가지 갈등관계가 벌어진다. 신규 입소자에게 방을 배정하는 것이 신중하게 진행되어야 하는 이유이다.

　성격이나 질병상태, 생활습관 등을 고려해 방을 배정해도 어르신들 간에 다툼이 일어난다. '저 사람과 같이 못 지내겠으니 저 사람을 다른 방으로 옮기라'고 강력히 요구하는 경우도 왕왕 있다. 서로 저 사람과 같이 못 지낸다고 하는데 모두 나는 가만히 두고 저 사람을 보내라고 한다. 객관적인 입장에서 볼 때 누구를 옮기는 것이 좋겠다는 의견은 소용없고 무조건 상대방을 보내야 된다고 주장하기 때문에 난감한 경우가 많다. 내가 옮기면 내가 지는 것이라고 생각하니 해결이 어렵다. 몸이 불편해 마음대로 걷지 못하고 현재 누워있는 침대 한 칸이 어르신이 살아있는 동안 누릴 소유의 전부일진대도 갈등이 빚어지니 참 슬픈 일이다.

어느 날 남자 어르신들 방에서 큰 소리가 났다. 체격이 큰 조민재 어르신과 박수영 어르신 간에 다툼이 일어났다. 두 분이 건강했을 때는 내로라하며 큰소리치고 사셨던 분들이었는데 뇌졸중과 치매가 한꺼번에 찾아와 자유로운 보행이나 움직임이 불가능했다. 조 어르신은 누워계시면 스스로 일어나지 못해 등을 밀어 일으켜 드려야 앉아계실 수 있고, 박 어르신은 한 손으로 침대 옆 손잡이를 잡고 일어나 앉을 수는 있었으나 일어서는 것은 불가능했다. 특별한 이유도 없이 두 분이 얼굴을 붉히며 흥분해 언성은 점점 높아지고 있었다. 곁에서 말리는 사람들이 있으니 고함소리는 더욱 거세졌다. 급기야 상대를 향해 서로 주먹을 날렸지만 이쪽저쪽 떨어져 있는 침대에 앉아서 주먹을 날리니 주먹은 허공을 치고 있었다.

한 발짝 걷지도 못하고 침대에서 내려오는 것조차 불가능한 분들이 허공으로 주먹을 휘두르며 싸우니 우습지만 슬픈 광경이었다. 한바탕 소리를 지르셨으니 마음속에 있었던 정체 모를 울분이라도 해소가 되었으면 좋겠다고 생각했다. 그날 오후 박수영 어르신은 직원들의 만류도 뿌리치고 끝끝내 집에 가겠다고 신발을 달라고 하셨다. 운동화를 신고 침대에서 내려주면 집에 가겠다고 하셨다. 어르신의 고집을 꺾을 수 없어 엘리베이터 앞까지 모셔드렸고 어르신은 오랜 시간을 그렇게 그 자리에 앉아 계셨다.

정옥선 어르신은 89세였으나 중증 치매 환자로 인지기능이 6세 정도라는 진단을 받았다. 신체기능 저하로 혼자 걸을 수 없어 휠체어를 타고 이동해야 되는 분이었다. 주로 누워 지내시고 여가프로그램 시간에 참여해도 스스로 할 수 있는 게 별로 없어 주로 구경만 하는 정도였다. 월 1~2회 정도 3명의 딸이 함께 방문해 어르신과 즐거운 시간을 보내곤 했다.

그날도 3명의 딸이 어르신을 방문해 음식도 나눠 먹고 어르신 기분을 맞추느라 '건강이 좋아져서 집에 가도 되겠다'며 과장되게 격려하고 즐겁게 이야기를 나누었다. 한참 후 딸들이 돌아간다고 하여 담당 직원이 엘리베이터를 열어주러 따라가는 동안 어르신이 침대에서 떨어져 고관절 골절상을 입었다. 평소 침상에서 내려오려고 시도하거나 내려달라고 요구하지도 않는 조용한 어르신이었다. '건강해져서 집에 가도 되겠다'며 어머니를 잔뜩 들뜨게 해놓고 저희들끼리만 가버리니 어르신도 같이 따라가려고 나오다가 떨어진 것 같았다. 보호자들과 의논해 즉시 입원하고 수술을 했다.

문제는 병원비와 간병비였다. 노인요양시설에서는 돌봄 과정 중에 어르신이 다치는 경우를 대비해 배상책임보험에 가입하도록 되어 있다. 업무 중 과실로 일어나는 사고에 대해 보험으로 입원비와 치료비를 해결해주는 제도다. 자동차보험과 마찬가지로 사고 횟수가 많으면 보험수가도 높아지고 보호자와의 문제도 보험사에서 해결하도록 되어있다. 낙상사고가 났을 경우 시설에서 그나마 의지할 수 있는 제도다.

평소에는 엄마를 잘 돌봐줘서 고맙다며 연신 감사를 표하던 가족들이 사고가 발생하면 순간적으로 발생한 우발적인 사고임에도 이에 대한 이해는 없고 언제 그랬느냐는 듯 냉랭하게 태도가 돌변하니 평소에 성심껏 어르신을 모셨던 마음에 상처를 많이 받았다. 정옥선 어르신의 경우 배상책임보험으로는 입원비와 치료비만 보험처리가 되므로 간병비는 보호자들이 부담해야 했지만 보호자는 간병비도 요양원에서 책임져야 된다고 막무가내로 우겼다. 타협이 되지 않아 결국 요양원에서 간병비도 지불했다.

그런데 보호자들은 가족들이 받은 정신적인 피해까지 보상하라고 요구를 했다. 어르신의 자녀가 9명인데 1인당 3천만 원씩 달라고 했다. 가족들에게 그렇게까지 할 의무는 없다고 설명했으나 막무가내였다. 해당 업무를 담당했던 직원은 보호자들의 전화가 오면 몹시 괴로워했다. 사무실로 전화를 해 1시간 이상 본인들의 요구사항만 신경질적으로 쏟아 내는데도 직원은 상대가 지쳐서 전화를 끊을 때까지 먼저 끊지 못하고 수화기를 들고 있었다.

보호자들은 결국 법정으로 그 사건을 가지고 갔다. 법원에서는 요양원에서 보상할 의무가 없다는 판결을 내렸지만 그들의 요구는 한동안 이어졌다. '방송에 내겠다' '인터넷에 올리겠다'며 괴롭혔다. 수개월간 요양원 식구들을 힘들게 했던 가족들은 어르신이 퇴원을 하게 되자 다시 요양원으로 모시겠다고 했다. 우리는 아무 일도 없었다는 듯 웃는 얼굴로 그 가족들을 대할 자신이 없었다. 다른 요양원을 소개하고 그리로 모시라고 했더니 또 한 번 요양원을 뒤집어 놓듯 항의를 쏟아내었으나 어르신과는 그것이 마지막이었다.

의지와 능력 사이
길을 잃은 그대여

중증환자인 어르신들도 투표권이 있기 때문에 참여의사를 물어 투표에 참여를 원하시는 분은 부재자투표로 선거에 참여할 수 있다. 치매증세가 있는 어르신도 개개인을 찾아가 선거가 있는데 투표를 하시겠느냐고 물으면 정확하게 뭔지는 몰라도 하겠다는 분들이 많다. 그 의사를 존중해 부재자투표 신고를 하면 절차에 따라 요양원에서 투표를 하게 된다.

지방선거의 경우 광역자치단체장, 기초자치단체장, 광역의회의원 및 비례대표, 기초의회의원 및 비례대표, 교육감 등을 뽑아야 하니 후보자가 수십 명이 되기도 해 한 명씩 골라서 투표를 하는 것은 매우 어려운 일이다. 일반인이 투표를 해도 후보자에 대해 모르고 찍는 경우가 많은데 치매환자에게 그 많은 후보자 중에서 골라 찍으라고 하는 것은 현실성이 없는 이야기이다. 그렇지만 정치는 그런 현실을 종종 무시하곤 한다.

지방선거가 다가왔을 때였다. 투표 당일 선거관리위원회에서 선거관리위원들이 파견되어 투표소를 설치하고 어르신들의 투표를 진행했다.

"어르신, 이 종이에 도장같이 생긴 것으로 한 사람을 찍으세요."

어리둥절한 어르신께 기본적인 것을 설명하니 선관위 직원이 제지를 했다. 아무런 말도 하지 말라는 것이었다. 어르신들의 특성을 아는 나는 속으로 '잘 안될걸' 하면서 웃었다. 그리고는 가만히 지켜보기만 했다. 기표소에 들어간 어르신은 아무리 기다려도 나오지 않으셨다. 기다리는 줄이 길게 이어졌다.

"어르신 다 찍었으면 나오세요."

"아직 한 사람 밖에 못 찍었어요."

기표지에 여섯 칸이 있는데 한 칸밖에 못 찍었고 나머지 다섯 칸을 마저 다 찍고 나오실 심산이었다. 참견하지 않고 가만히 있었다. 그러자 선관위원이 어르신 모시고 나오라고 사인을 보냈고 이후부터는 도움을 요청했다.

선관위원이 있어도 "누구 찍으꼬?" 묻는 분도 계시고 신청을 안 하셨던 분 중에 갑자기 흥미가 생겨서 "나도 하겠다." 나서는 분도 계셨다. 투표의사를 물으러 방마다 다니며 "어르신, 부재자 투표 하시겠어요?" 여쭈니 "응? 부자투표?" 하고 반응하는 분도 계셨다.

용어도 이해 못하고 아들, 손자도 못 알아보는 치매환자들에게 나라의 지도자를 뽑자고 기회를 주는 게 맞는지 회의감이 들었다. 하고 싶은 것과 할 수 있는 것 사이의 간극은 넓어지지만 인정하지 못하는 현실을 바라보는 일은 참 씁쓸한 일이다.

 매일 반복되는 일상에 활기를 불어 넣고자 '장터놀이'를 기획한 적이 있다. 요양원 시설 내외부를 장터로 꾸미고 직원들이 장사꾼으로 분장을 했다. 장타령을 부르는 엿장수와 각종 전과 막걸리를 파는 주막, 추억의 뽑기 놀이를 하는 할아버지 역할도 정하고 어르신들 생활에 꼭 필요하겠다고 생각되는 빗이나 양말, 스카프, 거울 등을 파는 잡화 코너도 설치했다. 젓갈류와 반찬 등을 판매하는 반찬코너도 만들어 옛 정취를 느끼도록 해 드리고 싶었다. 모든 준비물을 요양원 경비로 구입하고 장사꾼 역을 맡은 직원들은 각자 역할에 맞게 의상과 분장을 꾸몄다. 어르신들께는 마음에 드는 물품을 구입할 수 있도록 가짜 돈을 만들어 공평하게 나누어 드렸다.

 자원봉사자들과 현장실습생, 보호자들에게도 어르신들의 휠체어를 밀어드리며 함께 행사에 참여하도록 협조요청을 했다. 행사를 할 때마다 각자 역할을 맡은 직원들의 숨어있던 끼를 발견하고 깜짝깜짝 놀랐다. 어디서 구했는지 엿장수 가위와 한복에 머리를 질끈 묶고 장타령을 흥겹게 부르며 분위기를 띄우는 모습에 모두 감탄했다. 설탕을 녹여 소다를 섞어 달고나 뽑기를 만들던 옛 추억을 떠올리며 즐거워했다. 막걸리와 전을 파는 주막에도 손님이 끊이지 않았다.

분별력이 없는 어르신 중에는 돈을 아낀다며 물건을 사지 않고 망설이는 분들이 계셨다. 내일이 되면 아무 데도 쓸 수 없는 돈이라고 아무리 설명을 해도 이해하지 못하고, 혹시나 잃어 버릴까봐 꼭 쥐고 아까워 구경만 하셨다. 다음날 돈을 가지고 와서 물건을 달라고 하면 어쩌나 걱정했는데 그 사실 자체를 잊으셨는지 아무도 그런 분은 없었다. 괜한 기우였다. 혹시 나도 쓰지도 못할 돈을 손이 저리도록 꼭 쥐고 있느라 정말 중요한 걸 놓치며 살고 있지는 않나 돌아봐야겠다는 생각이 들었다.

"차복주 어르신 사망하셨어요."

오후 2시 나른한 시간에 들려온 요양보호사의 말이 믿기지 않아 어르신의 방으로 뛰어갔다. 불과 두 시간 전 점심 식사를 내 손으로 떠먹여 드렸는데…. 기력이 많이 떨어지긴 했지만 그렇게 급작스럽게 가실 줄은 몰랐다. 묽게 쑨 죽을 마지막 한 숟가락까지 다 드시고 물도 마시게 도와 드리고 약 드시는 것까지 확인했는데….

차 어르신은 평일은 물론 어버이날이나 명절에도 방문하는 이 없이 외롭게 지내셨는데 돌아가실 때도 아무도 모르는 사이 외롭게 가셨다는 것이 마음 아팠다. 한편으로 생각하면 '자는 잠에 가고 싶다'고 모든 어르신들이 소원하는 것이 이루어진 것 같아 다행이라며 큰 충격 앞에서 나 자신을 위로했다.

인생의 마지막에 잠시 머무는 요양원에 근무하면서 어르신들의 죽음을 많이 경험했다. 함께 생활하던 어르신의 죽음을 처음 대했을 때는 큰 충격을 받았으나 그것도 반복되니 점점 무뎌졌다. 요양원에서 근무할 때는 장례식장으로 어르신들께 작별 인사를 하러 가는 일이 빈번했다. 죽음을 대하는 내 모습이 점점 무덤덤해지고 사무적으로 되어 가고 있었다.

그러나 차복주 어르신은 특별한 느낌이었다. 불과 두 시간 전에는 나와 눈을 맞추고 한 숟가락이라도 더 드시고 힘내시라며 미소를 나누었던 인격체였는데 호흡이 멎자 오래 두면 부패하는 대상이 되어버린 것이다. 좀 전까지만 해도 생명있는 인격체였는데 호흡이 멎으면 모든 것이 끝나버리는 인생이란 무엇인가? 허망하다는 생각이 들고 삶과 죽음이 종이 한 장 차이라는 생각이 들었다. 모든 인간이 반드시 마지막 순간을 맞을 텐데 이를 어떻게 맞이해야 하는지 원초적인 질문 앞에서 생각이 깊어졌다. 어떻게 사는 것이 잘 사는 것인지, 어떻게 죽음을 준비해야 되는지, 긴 시간 어르신들 곁에서 많은 죽음을 간접 경험하면서도 풀지 못하는 문제로 안고 살아가고 있다.

안정보다 변화를 꿈꾸다,
삶이 그러하듯

　　워킹맘이던 딸은 갓 백일이 지난 아기를 성품 좋은 지인에게 맡기고 마음 편하게 직장을 다녔는데 그분에게 사정이 생겨 더 이상 아기를 돌봐줄 수 없게 되었다며 걱정을 했다. 한 세대 전 동일한 문제로 시부모님께 '아기를 돌봐줄 사람이 없다'고 의논을 드렸더니 시아버지께서 '돈 버는 것 보다 자식 잘 키우는 게 더 중요하다'는 명료한 답변을 하셨다. 거역할 수 없는 옳은 말씀이라서 안정된 직장을 그만두고 육아에만 전념했다. 30년 전과는 시대가 달라졌고 여성의 사회생활이 보편화된 요즈음, 육아 문제로 고민하는 딸의 사정을 못 본 체 할 수 없었다. 딸이 직장을 그만두는 것 보다는 정년을 1년 남겨둔 내가 그만두는 것이 옳다는 생각이 들었다.

　　7년 10개월. 짧지 않은 시간을 요양원에서 어르신들과 함께 보냈다. 직장이라는 조직 안에서 힘들고 어려웠던 기억도 많지만 어르신들과의 순간은 모두 좋은 기억으로만 남아 있다. 치매 증세가 살짝 있는 어르신들은 자주 어이없는 행동이나 생각도 못한 엉뚱한 말씀으로 큰 웃음을 주셨다. 직원들끼리 모여도 '어르신들 아니면 이렇게 웃을 일이 있겠느냐'며 파안대소하곤 했다. 2016년 10월 울고 웃던 시간에 작별을 고하고 동료들의 인사를 뒤로한 채 요양원 생활과 작별했다.

양로원에서 5년, 요양원에서 거의 8년. 어르신들과의 생활을 정리하고 귀여운 손주 재롱에 살살 녹으며 오랜만에 여유로운 생활을 하게 되었다. 직장 다닐 때는 엄두도 내지 못했던 장기간 여행으로 에펠탑 앞에서 사진도 찍어 보고 백조가 유영하는 호수에서 여유로움도 누렸다. 시간에 구애받지 않고 친구들과 카페에서 수다도 떨고 장비를 제대로 갖추어 탁구도 배웠다. 재롱을 부리는 손주와 행복하지만 결코 만만치 않은 육아를 한 지 삼 개월가량 지났을 때 낯선 전화가 걸려왔다.

무슨 일인가 했더니 주야간보호센터를 개원하려고 하는데 경험이 없으니 현장경험이 있는 내가 도와주면 좋겠다는 내용이었다. 어떻게 알고 전화를 했느냐고 물으니 요양보호사 자격증 취득을 위해 현장실습을 S요양원에서 했고 그때 실습지도자였던 나를 유심히 보았다고 했다. 나를 만나러 요양원으로 무작정 찾아갔는데 퇴사해서 여기저기 수소문해 겨우 연락하게 되었다고 했다. 거대하게 돌아가는 사회조직의 톱니바퀴에서 퇴직과 함께 내 자리는 없어진 줄 알았는데 나를 필요로 하는 곳이 있었다니

감사한 마음이 들었다.

그렇다고 친밀한 정서적 교류가 필요한 손주를 두고 일을 하러 갈 수는 없는 입장이라 귀여운 손주 재롱에 빠져 있어 곤란하다고 거절했다. 당장 결정을 하지 않아도 괜찮으니 진지하게 생각해보고 연락을 달라고 했다. 아직은 계획 단계라 실제 개원하기까지는 수개월이 걸릴 예정이라고도 했다.

퇴근한 딸에게 낮에 있었던 일에 대해 의논했다.

"와! 우리 엄마 스카우트 제의 받으셨네. 멋져요."

딸은 오히려 기뻐했다. 항상 나를 응원해주는 딸은 늘 고마운 내 편이다. 초롱초롱한 눈으로 쳐다보는 아기를 두고 어떻게 출근을 하겠느냐고 하니, 당장 출근하는 것도 아니고 앞으로도 시간이 더 있을 테니 그동안 아기도 자랄 테고 그러면 어린이집에 보내면 된다고 응원해주었다. 손주는 건강하게 잘 자랐고 같은 아파트에 있는 어린이집에 보내게 되었다. 육아를 하는데 지장이 없도록 시간을 배려해준다는 조건으로 P주간보호센터와 같은 배를 타기로 했다.

정원 38명의 P주간보호센터는 입소하기로 미리 약속되었던 세 분의 어르신들과 함께 출발했다. 시설장과 사회복지사, 조리원, 요양보호사, 운전원 이렇게 직원 5명에 어르신 3명, 그중 나는 사회복지사로 사무국장 직책을 맡았다. 출발은 미약했지만 그래도 어르신 없이 직원들끼리 멀뚱멀뚱 쳐다보는 민망한 상황이 아닌 것을 다행이라 생각했다. 세 분 어르신을 삼백 명이나 되는 듯 최선을 다해 노래하고 게임하고 운동하며 하루하루 지내는 동안 한 분 한 분 어르신이 모였다.

충분한 영양을 공급하고 지루하기 쉬운 시간을 재미있고 의미있게 보낼 수 있도록 도와드리는 것이 어르신들을 위한 최선이라고 생각했다. 솜씨 좋은 조리사가 있어 음식은 걱정할 것이 없었다. 사회복지사인 내게는 어떻게 하면 어르신들의 만족도를 높일까 하는 고민이 늘 따라다녔다. 매일 진행되는 여가프로그램을 어떻게 할 것인지는 항상 마음에 품고 있는 숙제였다. 꽃이 피는 봄이면 '저 꽃잎으로 무엇을 만들어 볼까?', 가을바람이 불면 '낙엽으로 가을을 어떻게 표현해볼까?' 고민했다. 흰 눈이 펑펑 쏟아지던 날은 눈을 꽁꽁 뭉쳐 어르신들 손에 놓아드리며 옛날 눈사람을 만들던 기억을 되살려드리고 싶었다.

근래에 이러한 사회복지사의 고민을 해결해주는 단체들이 많이 생겼다. 작업치료나 실버 체조, 레크리에이션 등의 전문자격증을 갖춘 강사들이 모여 조합을 결성하고, 원하는 수요처에 어르신들을 대상으로 다양하고 전문적인 여가프로그램을 제공해준다. 개원 후 약 1년가량 지나서는 P센터에서도 그들의 도움을 받았다. 전문강사는 다양한 신체기능향상 프로그램과 인지기능 향상 프로그램으로 어르신들의 즐거움을 배가시켰고 만족도가 높았다.

개원하고 직원 출근부 양식부터 만들기 시작해 운영 전반에 필요한 서류들을 갖추어 나갔다. 다섯 명 직원으로는 업무를 체계적으로 분담할 여건이 되지 않아 요양보호사가 하는 신체적인 돌봄과 조리사 업무를 제외한 간호사 업무와 사회복지사 업무를 함께 맡을 수밖에 없었다. 여가프로그램 계획과 진행, 혈압 체크 등 건강에 관련한 부분과 각종 서류 작업을 병행하느라 '화장실 갈 시간도 없다' 할 만큼 바쁘게 생활했다.

어르신 수가 늘어나면서 간호조무사에게 건강관리에 대한 역할을 일임하고 후임 사회복지사에게도 업무를 나누어 주었다. 어느 정도 체계가 잡히면서 입소를 위한 상담과 어르신 및 보호자 상담, 그리고 행정서류 작업을 주로 담당했다. 개원할 때 텅 비었던 서류장이 여러 사람의 수고와 노력으로 서서히 채워지기 시작했고 어느덧 가득 찬 어르신들의 파일을 보며 뿌듯한 성취감을 느꼈다.

개원 후 2년이 되어 정원에 도달했다. 이대로 쭉 이어가면 큰 어려움 없이 안정적으로 운영이 될 것 같았다.

그러던 어느 날 모르는 번호로 전화가 왔다. 낯선 목소리에 어리둥절하고 있을 때 수화기 건너편에서 자신을 소개했다. 기억을 더듬어 보니 D양로원 원장 가족 중 한 사람으로 그 양로원에서 발언권이 센 직원이었다. 10년도 더 전에 함께 근무했던 직원이 퇴사 후 처음으로 내게 전화를 했다. 용건은 간단했다. 지인 중에 요양원을 운영하는 분이 있는데 여러 가지 서류와 운영 전반을 책임 있게 관리해줄 원장을 구한다고 마땅한 사람이 있으면 추천해 달라는 부탁을 받았단다. 요양원에서 근무한 경험도 있으니 내가 적임자라는 생각에 연락을 했다고 했다. 함께 근무할 때는 갈등도 있었는데 그래도 긍정적으로 기억해주는 것에 감사한 마음이 들었다. 생각지도 못한 상황이라 며칠 생각해보겠다 하고 고민을 시작했다.

 가족과 친구와 의논해도 결정적인 대답은 들을 수 없었다. 현재 시설을 안정적인 궤도에 올려놓아 앞으로는 일상적인 작은 변화에만 대처하면 되는데, 이를 놔두고 다시 처음으로 돌아가 새로운 환경에서 시작하는 것은 걱정되었으나 그에 따르는 대우는 솔깃했다. 시설장과 의논했다. '스카우트 제의를 받았노라' 하니 잠깐 당황한 듯 했으나 갑자기 퇴사를 하면 업무에 지장이 있을 테니 처우를 절충하고 그대로 남아주면 좋겠다고 했다. 새로운 환경에서 다시 시작하는 것도 만만치 않은 일이라 잠깐 요동쳤던 마음을 진정시키고 아무 일도 없었던 듯 일상으로 돌아가 직원들과 어르신들과 어울려 지냈다.

 요양원 원장직을 거절하고 5개월 정도 지난 어느 날, 옛 동료로부터 식사를 같이 하자는 연락을 받고 반가운 마음으로 만났다. 그는 지인이 주간보호시설을 준비 중인데 내가 합류하길 권했다. 그간의 이야기를 하며 현재도 만족한다고 완곡하게 거절을 했으나 이야기를 나누는 동안 그 시설에 흥미가 생겼다. 최대 112명까지 입소할 수 있는 대규모 시설을 짓는다고 했다. 무엇보다 단순히 보호만 하는 돌봄에 머무르지 않고 재활을 전문으로 하는 시설을 구상하고 있다는 점에 마음이 끌렸다.

그 동료의 주선으로 해당 시설의 대표를 만나 한창 공사가 진행 중인 주간보호센터 예정지를 구경하러 갔다. 건물 외벽만 남겨두고 모든 것을 뜯고 리모델링하는 중이었다. 신체기능과 인지기능 향상을 위한 다양한 재활기구도 설치할 계획이라고 했다. 주간보호시설의 새로운 모델이 될 것 같다는 생각이 들었다. 쾌적한 환경도 기존 시설들과 확연히 차이가 났다. P주간보호센터가 동네 슈퍼마켓 수준이라면 공사 중인 시설은 지하 1층에 지상 2층으로 다양한 재활기구를 갖춘 대형백화점 수준이 될 것 같았다. 잘 갖춰진 시설에서 제대로 일해보고 싶다는 마음이 생겼다. 대표는 인근 도시에서 요양원과 주간보호시설을 함께 운영하고 있어 상근직인 시설장을 겸임할 수 없다고 했다. 그러면서 사회복지사로 사무국장 업무를 했던 내게 생각지도 않았던 시설장을 제안했다.

주변에서는 내 것도 아닌데 그 큰 시설에 가서 고생하지 말고 시간 여유롭고 일 적고 안정된 곳에서 편하게 지내는 게 더 낫지 않느냐고 진심으로 걱정하며 만류하는 분도 있었다. 하지만 주간보호시설의 새로운 방향을 제시하게 될 것으로 보이는 곳에서 열심히 일 해보는 것도 의미가 있을 것 같아 2~3일 고민하다가 고생길에 접어들기로 마음먹었다. 수개월 전 요양원 원장 제의가 왔을 때와 똑같은 상황이 반복되었다. 또다시 '다른 곳에서 입사제안이 왔다'는 이야기를 되풀이하고 싶지 않아서 이번에는 마음의 결정을 내리고 이러이러한 상황이라 사직하겠다고 했다. 근무조건을 가지고 협상할 생각은 없었으므로 업무에 지장이 없도록 충실히 인계하겠다는 약속을 지키고 마무리했다.

그동안 정들었던 어르신들께는 다른 곳으로 옮긴다고 말하지 못했다. 다른 곳으로 옮긴다고 하면 어르신들이 동요할까봐 조용히 마감해 주기를 바라는 시설장의 뜻이 있기도 했고 어르신들의 눈물 바람을 감당할 자신도 없었다. 길게 휴가를 간다고 하고 떡과 과일, 음료수로 어르신들께 특별 간식을 대접한 후 말없이 작별했다.

외로움을 키우는 질병,
코로나에도 희망을 품다

    2019년 12월 개원해 현재 근무하고 있는 재활전문센터는 한쪽 벽이 통유리로 마감되어 있어 사계절 변화를 느낄 수 있는 쾌적한 환경이다. 눈이 오면 눈이 오는 것을, 봄이 오면 창가 자작나무에 새잎이 돋아나는 것을 볼 수 있다. 넓은 창가에서 세 분 여자 어르신과 한 분 남자 어르신이 따사로운 햇살을 받으며 센터의 출발을 함께 했다. 네 분 어르신이 400평 건물의 모든 공간을 누리셨다. 세상 이치를 몸으로 체득한 어르신들은 넓은 공간에 당신들만 계시는 것을 걱정하셨다.

    "센터장, 내가 회원들 많이 오라고 기도하고 있으니 걱정하지 말고 힘 내이소."

    "많이 오셔서 어르신들이 운동할 때 자리가 부족하면 어떡해요?"

    "그렇게 되도 좋으니 사람들이 많이 와야지."

희망에 부풀어 맞이한 2020년. 이런저런 경로를 통해 한 분 두 분 어르신들이 모이고 직원도 추가로 채용하며 희망을 키워 갔다. 개원 후 두 달가량 지났을 때 어르신 25명이 입소하셨다. 하루하루 낯선 어르신들이 모이는 모습이 신기하고 감사했다.

1월 하순 중국에서 코로나19가 발발했다는 뉴스가 전해지며 분위기는 희망에서 염려로 반전되었다. 인류의 상호 교류를 앗아간 이 고약한 전염병은 새 희망으로 힘차게 출발하는 우리 센터에도 큰 타격을 주었다. 노인요양병원과 양로원 등 집단 시설에서 단체로 코로나19가 발병하자 정부는 주야간보호시설의 휴원을 권고했다. 혼자 기거하여 식사 해결이 곤란하거나 반드시 보호가 필요한 어르신들만 '긴급 돌봄'의 형태로 출석하도록 권고했다. 결국 코로나에 대한 두려움으로 절반 정도 인원만 출석을 하게 되었다. 눈을 맞추고 손잡고 인사하던 것이 불가능해졌고 마스크로 얼굴을 가린 채 현관 입구에서부터 손 소독제와 체온계가 인사를 대신하게 되었다. 익숙하지 않은 마스크가 답답했을 텐데 하루 종일 마스크를 쓰고도 불만을 내비치지 않는 어르신들이 고마웠다.

그러던 중 보호자 한 명이 격리대상이 되었다는 연락을 받았다. 코로나 확산 초기에 확진자와 같은 지하철을 탔다고 했다. 자가 격리 중인 아들과 함께 살고 계시는 90세의 남자 어르신은 긴급 돌봄 대상이 아니어서 센터 출석은 하지 않고 자택에서 지내고 계셨다. 여기저기 환자 발생 소식은 모두를 긴장하게 했고,

전국적으로 방역물품이 부족한 상황이라 어렵게 구한 소독약과 분무기, 마스크, 손 세정제 등을 전해드리러 어르신 댁을 방문했다.

평소 말수가 적고 조용히 지내던 어르신은 오랜만에 낯익은 얼굴을 보자 반가운 웃음을 지으셨다. "들어와! 들어와!" 손짓하며 집으로 들어와 놀다 가라고 하셨다. 코로나에 긴장했고, 특히 노인시설에 근무하는 까닭에 방역에 예민할 수밖에 없던 나는 반가워 다가오시는 어르신의 손을 덥석 잡아드릴 수 없는 현실에 안타까움을 느꼈다. 이에 대한 이해가 부족한 어르신은 반갑다고 자꾸 다가오시고 나는 뒷걸음치며 어르신과 일정한 거리를 유지하느라 어르신을 피하는 꼴이 되었다. 방역물품만 현관 입구에 놓아드리고 얼른 돌아서 나올 수밖에 없었다. 못내 아쉬웠는지 어르신은 차가 기다리는 골목 입구까지 휘적휘적 따라 나오셨다. 차를 타고 출발하려는데 곁에 와서 아쉽게 바라보는 어르신과 거리를 유지하며 어정쩡하게 인사를 건넸다. 상황을 모르는 어르신이 서운하시겠다는 생각이 들었으나 달리 방법이 없었다. 그렇게 어르신 댁을 다녀온 후 아무런 증상이 없었지만 아무도 모르게 수차례 체온을 체크했다. 겉으로는 태연한 체 했으나 속으로는 많이 긴장했는데 다음 날까지 아무런 이상 증상이 없어서 안도했다.

휴원 권고 조치로 인해 센터를 출석하는 어르신의 수는 절반으로 줄었으나 센터에서 어르신을 맞이해야 되는 필수인력은 어르신 한 명이 출석해도 반드시 출근해야 된다는 지침이 하달되었다. 시설장, 사회복지사, 간호사(재활치료사), 요양보호사 등이 필수요원인데 사회복지사, 간호사, 요양보호사는 두세 명이 함께 근무하므로 교대근무가 가능했지만 시설장은 나 혼자여서 긴급 돌봄이 끝나기까지 3개월간 일요일도 없이 매일 출근했다. 신체적인 피로감도 느꼈지만 더 마음을 짓누르는 것은 출석하는 인원이 현저히 줄어들었는데 홍보를 나갈 수도 없다는 것이었다. 입소 권유를 받은 분들도 코로나로 인해 거절하셨고, 입소하기로 약속되었던 분들도 코로나가 끝나면 출석하겠다고 연기하는 상황이 빚어졌다. 특히 대구에서 신천지발 코로나 환자가 대량 발생하면서 코로나에 대한 공포는 사람들의 마음을 더욱 위축시켰고 어르신들의 출석은 기대할 수 없었다.

그렇게 1년 이상 공포에 떨던 어르신들이 코로나 예방백신 접종을 마치고 나서야 서서히 기지개를 켜듯 입소 문의를 해오셨다. 어르신들과 직원들도 노인시설 우선 접종 방침에 따라 일반인들보다 우선적으로 예방접종을 받았다. 접종을 하고 나니 한결 마음이 편했다. 그래도 필수적인 일이 아니면 외부에서 방문하는 분들의 출입은 최대한 제한했고, 매일 구청에 출석인원과 코로나검사 인원, 백신접종 인원을 보고했다. 질병관리청에서 발표되는 확진자의 수를 주시하면서, 특히 지역에서 발생하는 환자 수에 대해서는 더욱 민감하게 체크를 했다.

센터에서 하루 여덟 시간 이상 마스크를 꼭 쓰고 지내는 어르신들을 보는 마음은 안타깝고 죄송했다. 마스크가 코 아래로 내려와 있으면 '마스크 올리라'며 어르신들은 서로 주의를 환기시켰다. 식사 시간에는 가림판을 세우고 식사를 했고 일과 중 수시로 손 소독제를 사용하고 체온을 체크했다. 화장실이나 세면대에는 수건 대신 1회용 종이 타월로 교체했다. 한마디 불평 없이 잘 지내는 어르신들께 진심으로 감사했다. 불편함 속에서도 꾸준히 어르신들은 출석하셨고 조만간 정원을 채울 기대를 갖고 있다.

'응애' 울음을 터뜨리며 출생한 아기는 젖이나 분유를 먹다 조금 더 자라면 이유식을 하고 바닥을 기다가 보행기로 걸음걸이를 연습하며 걸음마를 배운다. 아장아장 걷다 보면 어느새 커다란 가방을 메고 유치원을 다니고 학교를 거쳐 배우자를 만나 결혼하고 자녀를 낳아 부모가 된다. 학부모가 되고 자녀들이 자라면서 너무 빠른 시간의 속도에 놀라는 동안 어느새 흰머리가 생기고 다리에 힘이 빠지는 때가 온다. 아장아장 걸었던 걸음은 지팡이를 짚고 조심조심 걷게 되고 아기 때 쓰던 보행기를 노인이 되어 성인용 보행기로 다시 사용하거나 유모차를 타듯 휠체어를 탄다. 하나 둘씩 젖니가 나던 것과 반대로 치아가 점점 빠져 아기 때 이유식을 했던 것처럼 유동식으로 식사를 대신한다. 더 지나면 아기처럼 기저귀를 착용하고 기력이 빠지면 태아처럼 웅크리고 누워 지내다 돌아간다.

울음을 터뜨리며 왔던 인간은 가족들의 눈물 속에 다시 돌아간다. 처음 태어났던 그 모습을 향해 점점 돌아가고 있는 인생을 오랜 시간동안 지켜봤다. 상황을 이해하는 마음에서 돌봄은 시작되는 것 같다. 꽤 오랜 시간 노인 돌봄의 현장에서 웃음과 눈물을 함께 할 수 있었던 것도 무엇을 '돕겠다'는 것에서 '함께 하겠다'는 생각으로 변화함으로써 가능했을 것이다. 그리고 남은 시간도 그 일을 계속 이어갈 것이다.

4장

모두를 위한 노인 돌봄에 대하여

: 장기요양보험제도와 과제들

장수가 축복 아닌 시대,
적극적 제도 활용을

산업디자인을 전공한 아들의 과제 중에 일상생활에서 느끼는 불편한 점 3천 가지를 조사하는 것이 있었다. 3천 가지를 50가지로 압축하고 다시 최종적으로 3개를 뽑아 일상생활의 불편을 해소할 제품으로 개발한다고 했다. 숫자가 주는 막막함 앞에서 고민하던 중 나이대별로 불편한 점을 조사해 나가면 쉽겠다고 판단한 아들은 평균연령 80대 이상 어르신들과 생활하는 나와 함께 고령 세대의 불편한 점에 관해 이야기를 나누게 되었다.

평소 뵙던 어르신들의 모습을 생각나는 대로 이야기했다. 노인이 되면 시력이 약해져 작은 글씨나 사물이 명확하게 보이지 않는다. 이로 인해 실수를 하거나 자존심이 상하는 경우가 자주 있다. 청력이 약해져 큰 소리로 말해야 알아듣고 처음에는 큰 소리로 대화를 시도하던 가족들이 나중에는 중요한 일이 아니면 굳이 말을 하지 않게 되고 전화통화는 더 어려워져 소외감을 느끼게 된다.

　잘못 듣는 것과 같은 맥락으로 발음이 명확하지 않아 의사소통에 어려움을 겪기도 한다. 기억력이 약해지고 이로 인한 잦은 실수로 자존감이 떨어진다. 자세가 구부정하게 되고 동작이 느려지는가 하면 다리에 힘이 없어 오래 걷지를 못한다. 균형 감각이 떨어지고 잘 넘어진다. 뼈가 약해지고 골다공증으로 인해 넘어지면 골절로 이어진다. 치아와 잇몸이 약해져 음식물 섭취가 어렵고 영양 결핍이 생긴다. 미각이 둔해져 음식을 맛있게 먹지 못한다. 내장 기능이 약해져 소화 작용과 영양흡수가 원활하지 않게 된다. 면역력이 떨어져 질병이 자주 발생하고 치료기간이 길어진다. 노인 냄새가 난다고 손주가 가까이 오지 않는다. 고집은 세지고 잔소리가 많아진다.

　주위에서 흔히 대하는 어르신들의 모습을 생각나는 대로 열거했더니 열심히 받아 적던 아들이 심각한 표정으로 말했다.

　"노인들은 무슨 재미로 살아요?"

　생동감 넘치는 20대 청년의 시각으로 보면 우리 어르신들은 참 재미없이 살고 있다. 재미없는 생활에 서서히 익숙해지면서 하루하루를 무료하고 무의미하게 우울감과 동거하고 있다. 그런 노인들의 숫자는 해마다 늘어나고 장수가 더 이상 축복이 아닌 시대를 우리는 살아내야 한다.

　우리나라는 65세 인구 비율이 14%가 넘는 고령사회로 이미

진입을 했고 초고령 사회로 빠르게 달려가고 있다. 세계에서 유례를 찾아볼 수 없을 만큼 빠른 속도로 노인인구 비율이 높아지고 있다.

고령사회를 논할 때마다 첫 번째 주제로 나오는 것이 '노인빈곤' 문제이다. 평생 열심히 달려온 우리 부모님들은 자녀에게 가진 것 모두를 쏟아 붓고 빈 주머니만 차고 있다. 힘 있을 때는 자녀들을 위해 열심히 살았고 힘없는 지금은 자녀 눈치를 보며 너무 오래 살아서 미안하다고 토로하신다. 스스로 경제활동을 할 수 없으니 전적으로 자녀에게 의지해야 하는 부모는 장수하는 것을 죄스러운 마음으로 여기며 당당하지 못하게 지내신다. 거기에다 덜컥 아프기라도 하면 더욱 주눅 드는 것이 현실이다.

어르신들 중에서도 연금을 받는 분들의 입장은 다르다. 곁에서 볼 때 작은 집이라도 있고 매달 꼬박꼬박 연금을 받는 어르신들은 별 걱정이 없는 것 같다. 당신 건강만 챙기면 자녀들에게 아쉬운 소리를 할 필요도 없고 마음 편하게 지낼 수 있으니 경제적인 자유가 어르신들의 자신감을 좌우한다. 우리 센터에 매월 150만 원 가량 연금이 나온다는 92세 여자 어르신이 계시는데 그 가정에서 어르신의 지위는 여전히 높다. 조금만 몸이 안 좋아도 가족들이 민감하게 반응하고 영양제를 맞히는 등 적극적으로 대처한다.

우리나라에는 국민연금, 공무원연금, 사학연금, 군인연금, 개인연금 등 다양한 연금제도가 있는데 저소득층을 위한 기초연금과 노령연금제도도 운용하여 노인빈곤 문제를 해결하고자 노력하고 있다. 노인인구가 많아 이러한 제도의 운용은 재정적인 압박이 될 수도 있겠지만 노인들에게 꼬박꼬박 나오는 연금이 자식들보다 더 나은 효자노릇을 하고 있다는 것은 누구도 부인할 수 없다. 그러나 불행히도 우리 부모세대는 연금수령자가 많지 않다. 자연히 부모를 부양하는 자녀의 부담은 커지고 자녀에게 짐이 된다고 생각하는 부모는 자녀 앞에서 자꾸 위축된다.

자녀에게 의탁할 수밖에 없는 고령노인의 모습을 보면서 노인으로 달려가고 있는 다음 세대는 한발 앞서 가는 선배들의 모습을 거울삼아 이에 대한 준비가 반드시 필요하다. 노인으로 막 접어드는 젊은 노인세대는 여러 가지 연금이 준비된 비율이 높아 다행이지만 미비한 부분은 자녀들을 양육하던 노력으로 자신의 노후를 준비해야 할 것이다. 그래서 기회가 있을 때마다 자녀들에게 쏟아 붓는 지출을 줄이고 자신의 노후를 준비하는 것이 진정으로 자녀를 위하는 것이라고 개인적으로 주장하곤 한다. 거창한 문제의식을 떠나 자신의 건강한 노후생활을 위해서라도 적극적인 사회참여를 권하고 싶다. 보건위생과 의료기술 발달로 평균수명이 80세를 넘겨 100세 어르신도 낯설지 않은 현대에 노인들이 재정자립을 유지하고 건강한 노후를 일구는 최선의 방법은 '평생현역'으로 살아가는 것이 아닐까 생각한다.

인생 이모작에 대한 준비 없이 노인이 되어 무료한 시간을 감당하지 못하고 매일 집주변 공원을 돌거나 온종일 TV와 친구하며 지내는 것보다 사회의 일원으로 활동을 하는 것이 경제적으로도 도움이 되고, 건강을 유지하며 긍정적으로 노후를 살아가는 데도 그 이상 좋은 방법은 없을 것이다. 물론 개인의 의지와는 별개로 질과 양에서 부족한 노인 일자리 문제와 질병 등 처한 환경에 따라 누구나 동일하게 노동 현장에 참여할 수 없는 것이 현실이기는 하다.

사회에서의 계급장을 떼고 장기요양시설이나 아파트 관리 등의 일을 하고 계신 분, 젊은이들과 동일한 제복을 입고 택배일을 하거나 주유소에서 일을 하는 어르신을 뵈면 존경스럽다. 현역으로 활동하면서 긴장된 상태로 살기 때문에 건강에도 더 좋은 영향을 미치지 않을까 생각한다. 한없는 휴식이 사람을 건강하게 하는 것이 아니고 적당한 활동과 긴장감이 건강을 유지하게 해줄 것이다.

올해 우리 센터 노인일자리사업에 참여하신 분들의 평균연령이 79세였다. 83세인 어르신도 계셨다. 센터를 이용하는 어른들과 같은 연배의 어르신들이 노인일자리사업에 참여하신 것을 보고 무척 놀랐다. 코로나 사태로 중단이 되었지만 우리 센터에 처음으로 가요봉사활동을 오셨던 분도 70대 후반의 어르신이었다. 이러한 재능기부활동을 하는 경우에는 지자체에서 교통비 정도의 활동비를 지원하기도 한다.

국가에서는 건강하고 품위 있는 노후생활을 보장하기 위해 적정수준의 노후 소득 보장을 위한 다양한 방안을 시행 또는 연구 중에 있다. 중장년의 취업을 지원하고 어르신의 공익활동과 재능 나눔 활동 등의 사회활동 지원, 사회서비스형 일자리 지원, 노인일자리 사업 등을 통해 어르신들의 경제활동을 돕고 지역사회 일원으로서 자존감을 느끼도록 하고 있다.

빈곤 문제와 더불어 어르신들이 맞닥뜨리는 큰 문제가 고독과 무위이다. 핵가족화 된 우리나라에서 어르신들에게 자녀를 향한 기다림은 일상이 되었다. 과거처럼 부모님 댁을 자주 방문하지도 않고 방문을 한다고 해도 부모님과 한 방에서 잠을 자며 정을 나누는 것은 드문 일이 되었다. 인생을 자녀에게 몽땅 바쳤던 어르신들은 자신의 알맹이는 자식들에게 모두 내어주고 빈 껍데기만 남아 자식을 그리워하는 마음을 안고 살아가고 있다.

주어진 일이라도 있으면 시간이 빨리 갈 텐데 아무 일도 없이 무료하게 시간을 보내는 것이 노년의 현실이다. 혼자 지내는 시간이 길어지면 우울감이 찾아오고, 이것이 우울증으로 발전하면 치매까지 동반될 수 있어 어르신들에게 고독과 무위는 큰 문제라 하겠다. 실제로 우울증이 깊어지고 치매가 진행 중인 어르신들의 경우 주간보호서비스를 받게 되면 밝은 분위기에서 많은 동료들과 즐거운 시간을 보낼 수 있어 유익한 점이 많은 반면, 우울의 깊이가 심한 분들은 외부로의 활동을 극도로 싫어하신다. 자녀들은 부모님께 생활의 활력을 드리고자 노인복지관이나 주간보호서비스 이용을 권유하지만 울면서 집 밖으로 안 나가겠다고 저항하는 부모님을 결국 모시지 못하는 경우가 자주 있다.

지자체에서는 어르신들이 모이는 경로당에 다양한 지원을 하고 있다. 냉난방비, 운영비, 양곡 등을 지원하며 어르신들께 동료들과 함께 사회활동을 하도록 정책적으로 권유하고 있다. 어르신들의 고독감 해소에 경로당의 긍정적인 역할이 크다는 것도 인정해야 한다.

근래 '너무 재미있다'는 친구를 따라와 하루 동안 체험삼아 센터를 이용하신 분이 있었다. 다음 날 어르신께 이용해본 소감을 물으니 재미있고 좋지만 센터를 다니지는 않겠다고 하셨다. 이유는 '돈이 들어서'라고 잘라서 답하셨다. 하루 세끼 식사에 간식까지 드리고 종일 유쾌하게 웃고 체계적으로 운동하고 적절하게 휴식하고 하루를 꽉 채워 유익하게 지내는 건 좋은데 월 30만 원 가량의 비용납부가 무서워 센터이용을 못하겠다는 것이었다.

비용을 걱정하며 센터 이용을 거부하는 것은 가난한 분들에게만 해당되는 것이 아니다. 건물을 소유하고 집세를 받으며 경제적으로 여유 있게 사시는 분들 중에도 '돈을 내야 되면 안 가겠다'고 하시는 분이 있다.

평생 교직에 계셨던 어르신 중에 '비용을 내야 되면 센터를 다니지 않겠다'는 분이 계셨다. 자녀들은 꼬박꼬박 나오는 연금으로 비용을 내고도 많이 남으니 걱정하지 말고 다니시라고 해도 어르신은 막무가내였다. 결국 자녀들이 부탁을 해왔다. 비용은 자녀들이 부담할 테니 어르신께 '평생 인재양성을 위해 일한 공로가 있으니 나라에서 무료로 다니게 해드린다'고 거짓말을 해 달라는 것이었다. 어르신은 무료로 다니는 것이 고맙기도 하고 미안하기도 하다며 가끔 간식을 내셔서 자녀들로부터 비용을 받는 우리를 양심에 찔리게 하신다. 간식을 내겠다는 어르신과 그것을 막으려는 두뇌싸움이 진행된다. 그래도 매일 즐겁게 출석하시는 모습을 뵈면 그렇게라도 해서 신체적, 정신적 건강을 지켜가는 것이 현명한 선택이라고 생각한다.

사회 시스템이 변화하면서 노인문제가 더 이상 각 가정에서 책임져야 할 문제가 아니라 사회나 국가가 책임져야 하는 문제로 대두된 지 오래다. 국가에서는 노인장기요양보험제도를 도입해 가족들의 부모 부양 부담을 덜어주고자 한다. 제도의 적극적인 활용으로 어르신은 노후를 보다 편안하게 지내고 가족들은 부양과 돌봄이라는 큰 짐을 내려놓아야 한다.

원망은 버리고 부담은 더는
장기요양보험제도

평생 건강한 모습으로 곁에 계실 것이라고 별다른 생각 없이 부모님의 노후를 바라보던 자녀들이 평소와 달리 이상행동을 하는 부모님의 모습을 접하면 당황한다. 기억력이 많이 떨어진 걸 인정하지만 '치매'라는 단어 자체를 거부하는 마음이 생긴다. '내 부모가 치매일 리 없다'고 믿고 싶은 것이다.

"저희 엄마가 요즘 정신이 없고 이상한 행동을 하는데 어떡하면 좋을지 모르겠어요. 그런 분들을 돌봐주는 곳이라고 들었습니다."

"네, 그렇습니다. 아침에 어르신들을 모시고 와서 아침, 점심, 저녁 식사까지 드리고 재미있게 놀고 운동도 하며 지내다가 저녁에는 집에까지 모셔다 드리는 시설입니다."

"어떻게 하면 그곳을 이용할 수 있나요?"

"장기요양등급은 받으셨어요?"

"그건 어디서 받는데요?"

"저희 센터를 방문하시면 상세히 설명해 드리겠습니다. 시간 내서 한 번 들러주세요."

'연세가 드니까 기억력이 떨어지는 거지' 하며 애써 외면하다가 이상행동 정도가 지나치면 뭔가 이상하다 생각하고, 관심 없던 장기요양보험제도에 대해 여기저기 알아보게 된다. 그동안 전혀 보이지 않던 장기요양기관이 주위에 이렇게나 많았나 새삼 느끼게 된다고 한다.

장기요양기관을 이용하려면 장기요양등급(이하 등급)을 받아야 되고 그래야 필요한 서비스를 받을 수 있다. 치매나 뇌졸중, 파킨슨병 등 노인성 질환으로 일상생활 수행에 심각한 문제가 있는 분들은 연령에 관계없이 장기요양등급 신청대상이 된다. 2020년 12월 말 기준으로 장기요양보험 신청자는 118만 명, 그중 인정자는 86만 명* 정도다.

노인들에게 주로 발생하는 노인성 질환은 젊은 사람에게도 가끔 발병한다. 39세 미혼이었던 한 분도 뇌졸중으로 쓰러져 모든 생활에 도움이 필요한 완전 와상상태가 되었고 1등급을 받아 요양원에 입소했던 적이 있다. 요즘은 치매 연령이 낮아지면서

---

* 2020년 12월 말 기준 의료보장 인구 중 65세 이상 노인은 848만 명이다. 노인인구 대비 인정률은 5년 전 7.5%에서 2020년 10.1%로 지속적으로 증가하고 있다. 『2020 노인장기요양보험통계연보』(2021.8.5. 발표)

젊은 나이에 치매로 가족을 힘들게 하는 분들도 늘어나고 있다. 장기요양 수급자는 남성 27.2%, 여성 72.8%로 조사된 바 있다. 평균연령은 81.8세인데 80세 이상 고령 수급자가 전체의 65% 이상이고 65세 미만도 3.7%나 된다.*

연령 기준은 65세다. 65세 미만이면 치매, 뇌졸중, 파킨슨병으로 어려움을 겪는 경우만 등급 신청 대상이 된다. 65세 이상이면 노인성 질환이 아니라도 일상생활이 어려운 경우 건강보험공단(이하 공단)에서 등급을 받을 수 있다. 장기요양인정 신청서를 작성해 해당 지역의 공단 지사에 접수하면 일주일 내외로 공단 직원이 어르신을 방문해 신체기능 상태, 인지기능 상태, 질병 상태, 생활 모습 등에 대하여 어르신과 직접 대화를 하며 조사 한다.

조사 도중에 보호자들이 어이없어 하는 것은 평소 가족들에게는 얼토당토않은 말로 속 터지게 하던 어르신이 조사 나온 공단직원 앞에서는 언제 그런 일이 있었냐는 듯, 묻는 말에 정확하게 대답을 해서 평소 이상행동으로 가족이 힘들다고 하소연하는 보호자들을 거짓말쟁이로 만들곤 하는 점이다. 질문에 답변을 정확하게 하면 등급 취득 가능성이 낮아지는데 이를 알 리 없는 어르신은 낯선 방문자가 서류를 꺼내놓고 질문을 하니 긴장해서 평소와 달리 최선을 다해 집중하고 대답하신다. 평소에

---

* 「2019 장기요양 실태조사」. 「노인장기요양보험법」 제6조의2에 따라 보건복지부장관은 장기요양사업의 실태를 파악하기 위해 3년마다 조사를 정기적으로 실시하고 그 결과를 공표해야 한다. 2019년 처음 실시됐다.

장기요양보험 누적 신청자

구분	2017	2018	2019	2020
노인인구 (65세이상)	7,310,835	7,611,770	8,003,418	8,480,208
신청자	923,543	1,009,209	1,113,093	1,183,434
등급판정자 (등급내+등급외)	749,809	831,512	929,003	1,007,423
인정자 (판정 대비 인정률)	585,287 (78.1%)	670,810 (80.7%)	772,206 (83.1%)	857,984 (85.2%)
노인인구대비인정률	8.0%	8.8%	9.6%	10.1%

* 전체 의료보장인구(사망자 제외).「2020 노인장기요양보험통계연보」

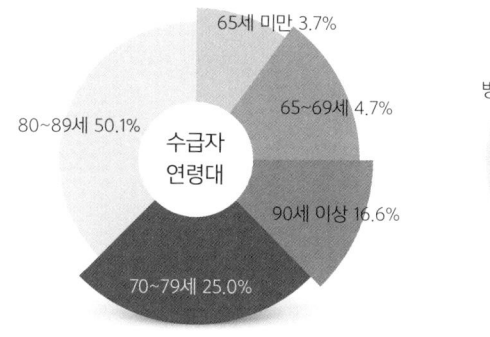

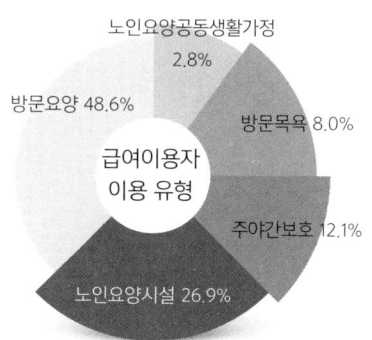

*「2019 장기요양 실태조사」. 보건복지부

는 그렇지 않았노라고, 집을 못 찾고 화장실을 갈 때도 옷에 실수를 하는 경우가 많았다고 하소연 해보지만 모르는 사람 앞에서 자존심이 상한 어르신들은 '나는 다 할 수 있다'고 항변을 하니 난감한 노릇이다.

어르신의 생활 현장을 조사하고 나면 정확한 판단을 위해 의사소견서를 제출해야 한다. 평소 어르신이 주로 이용하던 병원을 찾아가는 것이 정확한 진단을 위해서는 좋을 것이다. 대상자를 만나 조사한 내용과 전문가인 의사가 발행한 의사소견서, 특이사항 등을 종합해 공단 등급판정위원회에서 장기요양인정여부를 판단하고 대상자의 상태에 따라 1등급에서 5등급 중에 판정을 받게 된다. 경증의 치매환자는 흔히 6등급이라고 하는 인지지원등급을 받기도 하고 이에도 해당이 안 되면 등외 판정을 받기도 한다. 등급판정 결과에 따른 서류는 보호자나 본인이 신분증을 가지고 해당 지역의 공단에 가서 장기요양제도에 대한 설명도 듣고 직접 수령했으나 코로나 발발 이후에는 신청서 작성 시 기재했던 주소지로 우편 발송해준다. 직접 찾으러 가면 현장에서 수령할 수도 있다.

장기요양인정서까지 받으면 장기요양제도 안에 있는 다양한 기관 중 대상자의 상태에 따라 적당한 제도를 선택해서 이용하면 된다. 장기요양기관은 크게 재가급여를 제공하는 기관과 시설급여를 제공하는 기관으로 구분된다. 2020년 말 기준 장기요

국내 장기요양기관

구 분	2017 재가	2017 시설	2018 재가	2018 시설	2019 재가	2019 시설	2020 재가	2020 시설
계	15,073	5,304	15,970	5,320	19,410	5,543	19,621	5,763
서울	2,516	524	2,606	515	2,990	514	3,005	512
부산	939	116	1,033	110	1,348	114	1,289	115
대구	808	257	859	244	1,102	252	1,093	260
인천	870	355	892	367	1,131	398	1,146	429
광주	562	100	582	95	775	95	769	94
대전	548	119	587	124	699	128	691	136
울산	193	46	207	47	277	50	277	50
세종	41	10	42	11	58	13	67	15
경기	3,173	1,680	3,410	1,705	4,088	1,812	4,144	1,924
강원	465	305	480	306	545	320	544	330
충북	456	282	499	283	617	295	643	304
충남	729	297	771	300	940	310	972	318
전북	839	235	879	227	1,087	230	1,106	241
전남	818	303	876	305	964	314	990	313
경북	1,049	382	1,099	384	1,303	395	1,352	414
경남	935	229	1,010	232	1,338	238	1,387	242
제주	132	64	138	65	148	65	146	66

*각 연도말 기준, 지정된 기관 수

양기관은 2만 5천 개(25,384)가 운영되고 있는데 재가기관은 1만 9천 개(77.3%), 시설기관은 6천 개(22.7%) 정도다.* 재가급여 기관은 요양보호사가 집에 방문하여 하루에 서너 시간씩 대상자의 일상생활을 도와주는 방문요양과 목욕을 도와주는 방문목욕이 있고 간호사가 방문하여 건강을 살펴주는 방문간호, '노치원'이라고도 불리는 주야간보호시설과 주야간보호시설 내의 단기보호가 있다.

　방문요양으로 분류되는 '가족요양' 서비스는 자녀나 배우자, 형제, 자매, 사위, 며느리, 손자 등의 가족이 요양보호사 자격을 취득하여 어르신을 돌보면 하루에 1시간씩 월 20일간(조건에 따라 1.5시간씩 20일 이상 가능) 범위 내에서 장기요양서비스로 인정해주므로 일정액수의 급여를 받을 수 있는 매력적인 부분이다. 요양보호사 자격증을 취득하려 공부하는 분들 중에 가족요양으로 부모님을 '케어'할 수도 있기 때문에 자격증을 받아 놓으려고 한다는 분들이 의외로 많다.

　주간보호시설은 대상자를 시설로 모셔 식사와 다양한 놀이, 운동 등으로 낮시간 동안 보살펴 드리고 저녁에는 다시 가정으로 모셔다 드리는 시설이다. 가족들이 입원이나 여행, 집안의 대소사로 집을 비워야 하는 경우 주간보호센터 내의 단기보호를 월 9일 범위 내에서 이용할 수도 있다. 하지만 현장에서는 야간 인력을 확보해야 되는 등 어려움이 있어 단기보호 서비스를 제

* 『2020 노인장기요양보험통계연보』

공하는 기관은 소수이다.

시설급여를 제공하는 기관은 흔히 알려진 노인요양원(이하 요양원)과 노인요양공동생활가정이 이에 속한다. 요양원은 가정에서 돌봄이 어려운 중증의 대상자들이 이용하는 시설이며 24시간 입주하여 생활하는 곳이다. 공동생활가정은 요양원처럼 입주시설이나 6인부터 9인까지 모실 수 있으며 소규모로 가정 같은 분위기에서 지내도록 하자는 취지로 운영되고 있다.

24시간 입소해서 생활하는 시설에는 양로원도 있다. 양로원과 요양원은 부양가족이 있는지 없는지에 따라 구분된다. 양로원은 노인주거복지시설이라 장기요양등급이나 건강 상태와는 관계 없이 어르신을 부양할 가족이 없으면 입소가 가능하다. 지방자치단체에서 보조를 받아 운영되는 시설은 기초생활보호대상자(이하 기초수급자)나 해마다 산정되는 소득기준 이하에 해당되는 분들이 대상이 되는데 무료 또는 저렴한 비용으로 이용이 가능하다. 근래 많이 생겨나는 실버타운 등도 주거복지시설의 한 형태이며 보증금 및 이용료를 개인이 전액 부담해야 되는 구조이다. 대략적으로 월 100만 원에서 500만 원까지 다양한 시설들이 있다.

반면 요양원의 경우 노인의료복지시설로 부양가족의 유무와 관계없이 건강이 나빠 독립적으로 일상생활이 불가능한 어르신들이 입소대상이다. 등급을 받은 대상자에 한해 정부에서 비용의 80%를 지원하므로 본인은 20%를 부담하는데, 기저귀 등 생활용품이 모두 지원되며 식비까지 합쳐서 대략 50~60만 원 정도를 부담하거나 기초수급자의 경우 정부에서 전액 지원하므로 개인은 무료로 이용할 수 있다. 기초수급자가 요양원에 입소하면 기존에 수급 받던 노령연금은 계속 받을 수 있지만 생계비는 식사비 항목으로 지자체에서 요양원으로 지원하기 때문에 개인적으로는 받을 수 없다.

「2019 장기요양 실태조사」(2020.3.30. 발표)에 따르면 조사대상 수급자의 77.5%는 장기요양급여를 이용했지만 22.5%는 장기요양급여를 이용하지 않는 것으로 나타났다. 이용자 중 70.3%는 재가급여를, 29.7%는 시설급여를 이용하고 있었다.

재가시설을 이용하는 분들에게 일상생활을 도와줄 여러 가지 물품을 저렴하게 구입하거나 대여 받을 수 있는 복지용구 제도가 있다. 전동침대나 휠체어는 대여 가능한 물품이고 지팡이나 보행보조기, 안전손잡이, 요실금 팬티 등은 구입해서 사용할 수 있다. 이 또한 기초수급자의 경우 본인 부담금이 없다. 기초수급자나 차상위계층이 아닌 일반으로 적용이 될 경우라도 원래 금액의 15%만 지급하면 되므로 비용 부담이 적다.

휠체어를 예로 들면 월 5천 원 정도로 빌려 쓸 수 있다. 차상위계층은 6%, 9% 등 부담률의 차이가 있다. 길을 갈 때 어르신들이 유모차처럼 밀고 다니는 성인용 보행기가 복지용구로 구입되는 경우가 많다. 복지용구를 대략적으로 보면 목욕의자와 미끄럼방지용 매트리스, 안전손잡이, 보행보조기, 지팡이, 성인용 보행기, 욕창 방지를 위한 방석과 자세변환용구, 이동변기, 미끄럼방지용 양말, 요실금 팬티 등 구입 가능한 물품과 전동침대, 휠체어, 배회감지기, 욕창방지용 매트리스 등 대여할 수 있는 물품이 있다. 대여해서 쓰는 전동침대의 경우 15일 이상 병원에 입원하거나 요양원에 입소하면 반납해야 되고, 휠체어 등 모든 대여물품의 경우 요양원으로 입소하면 반납을 해야 된다. 구입한 물품은 반납할 필요가 없다.

다양한 장기요양서비스를 받기 위해 받는 등급은 처음에는 대부분 2년 기한으로 나온다. 종료기간이 다가오면 3개월 전에 해당 등급의 기한을 갱신하라는 통보가 공단으로부터 온다. 간혹 이를 소홀히 여겼다가 갱신기한을 놓쳐 적절한 시기에 서비스를 받지 못하는 경우도 있다. 등급을 받으면 전국 어디서든지 요양서비스 이용이 가능하지만 요양원으로 입소하는 기초수급자의 경우에는 요양원 주소지로 주소를 옮기는 등의 절차가 필요하기 때문에 미리 상담을 통해 절차나 방법을 확인하고 준비해야 한다.

이렇게 등급을 받으면 대상자에게 가장 적절한 서비스가 무엇일지 의논하여 선택하면 된다. 자녀들은 집에 있으면서 서너 시간 청소해주고 식사준비를 해주는 방문요양 서비스보다 동료들과 함께 노래하고 게임도 하며 활력 있게 생활하는 주간보호 서비스를 원하는 경우가 많지만 어르신들의 생각이나 성격에 따라 이를 완강히 거부하는 경우도 자주 있다.

'같이 다니자'는 친구의 소개로 센터에서 하루를 생활해보고 '내일 아침부터 센터를 나오겠으니 데리러 오라'고 하고 집으로 가신 분이 계셨는데, 다음 날 아침에 모시러 가니 '집에 와서 살림을 도와주는 사람이 있는데 그 사람을 거절하지 못해서 좀 더 생각해보고 가겠다'고 하셨다. 어르신은 방문요양서비스를 받고 계셨던 것이다. 그 요양보호사와의 관계를 끊지 못해 지금부터 운동을 시작하지 않으면 곧 휠체어를 타게 될 것이라는 것을 스스로 말씀하시면서도 센터 이용을 망설이셨다. 외동딸이 센터를 방문해 여러 가지 상담을 하고 현장을 살펴보고 어머니를 설득했으나 여전히 같은 대답을 하셨다. 안타까운 일이지만 어쩔 수 없다.

어르신 중에는 자녀들이 '어머니, 센터에 가서 즐겁게 지내세요'라고 하는 말을 크게 오해하고 아무 데도 안 간다고 거부하는 경우가 많다. 어르신들은 낯선 곳에 간다는 것을 자녀들이 요양원에 보내는 것으로 해석하고 아무 데도 안 가겠다고 버티는 것이다. 그런 경우에 자녀들은 '좋은 데 구경 가자'며 모시고 나와 센터의 생활모습을 보여드리고, 특히 '마치고는 집에 데려다 준다'를 수차례 강조한다.

"원장님, 우리 엄마 저녁에는 집에 데려다 주지요?"

일부러 못 박듯 큰 소리로 다짐을 받는다.

"당연하지요. 저녁에는 여기에 아무도 없어요. 직원들도 다

집에 가요."

안심을 시켜드리지만 어르신은 '정말일까?' 하는 표정이다. 이튿날 모셔 와서 재미있게 하루를 보내고 저녁 때 모셔드리고 나면 그 다음부터는 걱정하지 않고 잘 나오신다.

장기요양제도 시행 후 시간이 쌓여가는 만큼 장기요양기관의 수도 엄청나게 늘어나고 있다. 몸이 불편한 부모님을 가장 좋은 시설에서 최상의 서비스를 받도록 하고 싶은 것이 자녀들의 한결같은 마음이다. 부모님께 가장 적합한 시설을 찾을 수 있는 방법은 의외로 간단하다.

전국의 모든 노인요양원, 노인공동생활가정, 방문요양센터, 방문간호센터, 주간보호센터, 단기보호센터, 복지용구 구입처에 대한 안내가 일목요연하게 소개되어 있는 곳이 있다. 건강보험공단의 노인장기요양보험 홈페이지(www.longtermcare.or.kr) 첫 화면에서 '기관검색' 하위에 있는 '장기요양기관검색'을 클릭하면 전국의 장기요양기관을 지역과 제공하는 서비스 종류에 따라 살펴볼 수 있다. 해당 기관의 연락처와 주소, 시설의 규모와 종사자 수, 인력구성이나 제공하고 있는 여가프로그램과 개인이 부담하는 비용 등 구체적인 내용을 자세히 알아볼 수 있고 시설의 규모나 사진 등도 확인할 수 있다. 또 해당 기관의 정기평가 결과도 기관 이름 앞에 표시가 되어 선택자의 고민을 덜어주고 있다.

모든 복지시설이 3년 간격으로 시설의 운영 전반에 대하여 건강보험공단으로부터 정기평가를 받는데 이는 시설을 선택할 때 중요한 판단근거가 되기도 한다. 수십 개의 평가항목으로 환경은 깨끗하고 안전한지, 종사자들에게는 정당한 대우를 하고 있는지, 돌봄을 받는 대상자들에게는 인격적으로 세심하게 배려하며 섬기는지, 식사는 어르신의 특성에 맞추어 제공하는지, 심지어 어르신들의 양치질은 잘 도와드리는지 등을 꼼꼼하게 평가하기 때문에 평가결과가 우수하면 그 시설은 믿고 맡겨도 된다는 것으로 이해되고 있다. 평가 결과는 A~E로 분류된다. 간혹 복지시설의 외벽에 커다랗게 '정기평가 최우수기관'이라고 현수막이 걸려있는 것을 볼 수 있는데 이는 평가결과 'A'를 받았다는 것으로 '우리는 우수한 시설입니다'라는 환호성으로 해석하면 된다.

컴퓨터를 활용하기 어려운 경우 공단으로부터 장기요양인정서를 수령할 때 인정서와 함께 해당 지역의 장기요양기관의 종류에 따른 명단이 동봉되어 이용자의 선택을 돕고 있다. 명단에는 시설명과 주소 연락처까지 기재되어 있어 이를 참고하여 적합한 시설을 선택하면 된다. 한 번 선택하면 오랫동안 이용하게 되므로 결정하기 전에 반드시 현장을 방문해보고 결정할 것을 권한다.

어르신을 섬기며 생활한 지 19년이 되었다. 양로원, 요양원, 주간보호시설을 거치며 많은 어르신들을 만났고 여러 가지 경험을 했다. 여러 종류의 노인시설 가운데 주간보호시설이 어르신들을 가장 행복하게 하는 시설이라고 생각한다. 요양원은 가족과의 분리로 인해 소외감을 느끼고 자녀들로부터 버림받았다는 느낌을 갖는 어른들이 가끔 있는데, 주간보호시설은 자녀들 출근할 때 같이 나와서 즐겁게 생활하고 저녁에 다시 집에 가서 편하게 지낼 수 있어 어르신들의 만족도가 가장 높다. 어르신들의 건강상태가 전제 조건이 되지만 요양원으로 가는 시간을 최대한 늦출 수 있는 곳이 주간보호시설이라고 생각한다.

건강이 허락하는 동안은 주간보호시설을 이용하나 결국 대다수는 요양원으로 갈 수밖에 없다. 우리 센터를 이용하시던 분 중에도 건강 악화 등으로 요양원으로 간 어르신들이 많다. 현대의 요양원은 공단과 지자체에서 관리 감독을 하며 일정수준 이상을 유지하도록 유도하고 있어 일부 선입견을 갖는 것처럼 열악하지 않다.

나는 요양원을 '현대판 고려장'이라고 표현하는 것을 무척 싫어한다. 고려장은 옛날 양식이 궁했던 우리 조상들이 더 이상 노동을 할 수 없는 나이 많은 부모님을 산에 갖다 버리는 제도였다고 알려져 있다. 하지만 우리나라에서 그런 풍습이 행해졌다는 기록은 어떤 옛 문헌에서도 찾아볼 수 없고 일제 식민 시대부터 나돌던 이야기라고 한다. 우리 민족은 효자비, 효부비를 내리며 효성을 강조했던 나라이고 지극한 효자에게는 관직을 수여하기도 했던 나라이기에 고려장 제도는 우리나라에 없었다는 의견에 적극적으로 동의한다. 현재의 요양원은 쾌적한 시설에 전문자격증을 갖춘 직원들이 배치되어 어르신들께 편안함을 제공하고 있다.

필요한 곳에서 최선 다하는
돌봄 현장 전문인력

"아이고, 우리 센터장님은 복도 많은 기라. 하나 같이 이리 잘하는 직원들을 어디서 뽑았노?" 오늘 어르신은 기분 좋은 일이 있었는지 요양보호사 선생님들을 칭찬하신다.

"왜요? 무슨 일이 있었어요?"

"아니, 저기 저 어른이 바지에다 실수를 했는데 얼굴 한 번 안 찡그리고 씻기고 갈아입히더라. 어떤 자식이 그리 잘 하겠노. 천사다. 천사."

"맞다. 맞다. 제 자식도 못할끼다."

어르신들 곁에서 살갑게 정을 내며 손발이 되어 보살피는 것은 요양보호사의 역할이다. 직접적으로 어르신과 대면하여 하루 종일 같이 움직이며 돌보는 중요한 자리다. 아침에 댁에서 어르신을 모시고 오는 것부터 시작해 센터에 도착한 후 식사 수발과 운동 보조, 이동 시 부축, 화장실 이용과 용변 뒤처리, 목욕, 여가프로그램 보조, 이부자리 정리, 시설 내외부 청소 등 일일이 열거하지 못하는 많은 일들을 웃으면서 해낸다.

2008년 노인장기요양보험제도가 생기면서 새롭게 탄생한 직업이 요양보호사이다. 장기요양등급을 받은 어르신들의 실제적인 어려움을 덜어드리는 절대적으로 중요한 직종이며 노령인구가 증가함에 따라 점점 그 수요가 늘어날 직종이다. 미래에 많은 직업이 없어질 것이라는 전망이 나와도 결코 없어지지 않을 직종으로 요양보호사가 꼽히기도 한다.

요양보호사는 약 2개월간 요양보호사교육원에서 이론 및 실기 교육을 받고 요양원, 주간보호센터, 등급 받은 어르신의 자택 등 노인장기요양 현장에서 80시간의 실습을 마친 후 필기시험에 합격해야 자격증이 주어진다. 요양보호사 자격증을 받으면 타인에 대한 서비스는 물론 내 부모님에 대해서도 요양서비스를 제공할 수 있어 자격증을 취득하려는 분이 많다.

주간보호시설에는 어르신 7명당 요양보호사 1명이 배치되도록 규정하고 있다. 양로원은 15명당 1명, 요양원은 2.5명당 1명, 이렇게 규정하고 인력이 부족하면 보조하는 금액에서 감액하고 추가인원을 배치하면 가산금을 준다. 많은 인원으로 어르신들께 양질의 서비스를 제공하라는 취지다. 가산금은 사회복지사와 간호(조무)사, 그리고 물리(작업)치료사도 해당이 된다. 2020년 말 기준 장기요양기관 종사인력은 전년보다 약 2.4% 증가했는데

장기요양기관 종사인력

구 분		2017	2018	2019	2020
계	사회복지사	18,535	22,305	26,395	30,268
	의사(계약의사포함)	2,198	2,210	2,358	2,312
	간호사	2,791	2,999	3,312	3,504
	간호조무사	9,845	10,726	12,054	13,221
	치과위생사	7	10	7	14
	물리(작업)치료사	2,024	2,122	2,350	2,558
	요양보호사	340,624	379,822	444,525	450,970
	영양사	1,160	1,132	1,131	1,136
재가	사회복지사	13,188	16,314	19,610	22,642
	의사(계약의사포함)	134	112	104	99
	간호사	1,371	1,584	1,793	1,940
	간호조무사	3,120	3,671	4,567	5,185
	치과위생사	7	10	7	14
	물리(작업)치료사	266	294	361	407
	요양보호사	284,144	319,498	377,726	381,359
	영양사	55	58	69	72
시설	사회복지사	5,402	6,052	6,831	7,685
	의사(계약의사포함)	2,161	2,179	2,324	2,283
	간호사	1,485	1,472	1,582	1,623
	간호조무사	7,460	7,806	8,301	8,932
	치과위생사	-	-	-	-
	물리(작업)치료사	1,861	1,937	2,114	2,276
	요양보호사	64,179	68,216	73,082	76,011
	영양사	1,111	1,080	1,067	1,069

* 각 직종 내 중복인원 제거(의사+계약의사, 물리+작업치료사, 요양보호사1급+2급)
조리원, 사무원 등 기타종사자는 포함하지 않음

요양보호사는 45만 명, 사회복지사는 3만 명 정도가 근무하고 있다.

"귀에서 자꾸 이상한 소리가 나요. 병원에 가봐야 되겠어요."
"지난주에 그것 때문에 이비인후과 갔을 때 병원에서 치료할 방법이 없다고 하던데, 또 가시겠어요?"
"소리가 계속 나고 있어요."
"의사도 어쩔 수 없다고 했는데 조금 적응해 보세요."
이명으로 불편한 어르신은 자꾸 병원을 가자고 하신다. 괴로운 심정은 알겠는데 전문의사가 별다른 방법이 없다고 하는데 어르신은 이해하지 못하고 계속 병원진료를 주장하니 답답한 노릇이다.

여러 가지 질병을 복합적으로 갖고 계신 어르신들을 모시는 시설이지만 장기요양기관에는 의사가 배치되지 않기 때문에 간호(조무)사의 역할이 매우 중요하다. 매일 바이탈을 체크하며 건강상태를 확인하고 약을 관리하고 시간 맞춰 드시도록 돕지만 어르신이 많아 내과, 피부과, 안과, 신경정신과, 비뇨기과, 이비인후과, 한의원으로 매일 병원에 동행하는 것이 큰일이다. 종합병원과 치과는 너무 많은 시간이 소요되어 보호자가 어르신을 모시고 가도록 하고, 가까운 병원은 동행해서 필요한 처치를 받은 후 보호자께 결과를 전달한다. 처방받은 약은 개인별로 나누어 시간 맞춰 복용하기 쉽도록 정리한다. 진료 내용을 기록, 관리하고 각종 자료들을 보관한다.

"보호자님, 어르신 모시고 큰 병원에 가서 검사받아 보셔야겠어요."

어르신의 상태를 면밀히 관찰하고 보호자께 연락해 고비를 넘기거나 적절한 치료를 받게 된 경우도 많다. 감기몸살로만 알고 간단한 약으로 버티던 어르신을 굳이 종합병원으로 떠밀어(?) 담도암을 발견하기도 했다. 큰 병원에 가서 검사를 받으라고 몇 번 권했으나 차일피일 미루다 심각한 황달을 보고서야 병원 권유를 가볍게 생각한 것을 후회한다는 말을 듣기도 했다. '꼬불꼬불 글씨 모양이 이상하고 손에 힘이 빠진 걸 보니 뇌경색이 온 것 같다'며 119구급차를 불러 병원으로 모셨는데 '골든타임을 놓치지 않아 후유증 없이 치료를 했다'는 의사의 말을 듣기도 했다. 근래 며칠째 계속 설사를 하는 어르신이 계셔서 보호자께 검사를 받아보라고 권유하고 있으나 멀리 있는 자녀들이 오면 '큰 병원'을 간다는 어르신을 안타까워하는 것도 간호사이다. 보호자보다 어르신의 질병 상태를 더 잘 아는 간호사는 존재 자체만으로도 든든하다.

80년이 넘는 세월 동안 만들어진 통증들을 부드럽게 풀어주고 근육을 키우며 근본적인 치료를 도와주는 역할은 물리치료사가 한다. 90세를 바라보거나 훌쩍 넘긴 어르신들은 아무것도 하지 않고 가만히 계셔도 아프다고 하는 분이 많다. 허리가 아프다, 어깨가 아프다, 다리가 아프다, 무릎이 아프다 등등 어르신들은 안 아픈 곳을 찾는 게 더 빠르겠다 싶을 만큼 여기저기 통증을 호소하신다. 얼굴을 찌푸리고 물리치료실을 찾았다가 편안한 얼굴로 치료실을 나오는 어르신들을 뵈면 덩달아 기분이 좋아진다.

어르신들을 만성통증으로부터 해방시켜주는 능력자가 물리치료사이다. 잘못 사용된 근육을 바로잡아 앞으로 다가올 통증을 예방해 줄 사람도 물리치료사이다. 게다가 어르신들의 짓궂은 장난도 싫은 내색 없이 다 받아주니 물리치료사와 인기를 겨룰 자가 없다. 경력에 따른 노련함으로 어르신들을 대하고 사람좋은 웃음으로 어르신들을 품어주니 감사할 따름이다.

장기요양기관에서는 사회복지사의 역할이 매우 크다. 사회복지사들의 대표적인 업무는 상담과 여가프로그램 제공이라고 할 수 있다. 상담은 어르신과의 상담뿐만 아니라 보호자와의 상담도 함께 연결된다.

"어르신, 왜 혼자 힘없이 앉아 계세요? 어디 아프세요?"

"보호자님, 어르신이 힘이 없다고 쉬고 싶어 하시는데 댁에서 별말씀 없었나요?"

한 분 한 분 세심하게 살피며 관심을 가져야 된다. 나이가 들면 어린아이가 된다고 했다. '누군가 나에게 관심을 가지고 있구나' 하는 따뜻한 교류가 어르신들을 힘 나게 한다. 어제 아프다고 하셨던 분께 오늘은 어떠신지, 자녀들의 일로 걱정하셨던 분께는 잘 해결이 되었는지, 오늘 결석하신 분께 연락해서 안부를 물어보는 것, 이런 사소한 일들이 어르신들과의 거리를 가깝게 만든다. 사랑의 또 다른 표현은 관심이라고 한다.

오래전 80대 남자 어르신과 상담을 한 적이 있다. 오랜 시간 함께 생활해야 되는 분이니 살아온 삶의 이야기를 들으며 이해도를 높이고자 하는 의도였다.

"어르신, 고향이 어디세요?"

"만주에서 태어났는데…"

어르신의 이야기는 질문을 안 해도 유년을 일본에서 보냈고 아버지의 직업은 무엇이며 형제들과는 어떻게 지냈는지로 이어졌다. 매우 소상하게 설명을 하시느라 10시쯤 시작한 상담이 점심 식사를 알리는 종소리가 울렸는데 아직 '6.25사변'도 터지지 않았다. 그날은 거기까지 하고 점심 식사를 하느라 중단이 되었다. 처음에는 집중해 듣다가 실타래를 풀 듯 술술 이어지는 이야기에 지쳐 어르신의 말씀을 단축해야 되겠다는 생각을 했다. 중요한 부분만 체크하려고 중간 중간 맥을 끊는 질문을 넣었지만 다시 그 자리로 돌아와 이야기를 이어가는 집중력에 두 손을 들고 말았다. 며칠 후 마음을 굳게 먹고 해방과 6.25전쟁을 지나 가장으로서 가족과 집안을 지킨 이야기들을 인내심을 가지고 끝까지 들어드리고는 나 스스로를 칭찬했다.

어르신들은 대부분 대화에 굶주려 있다. 엉덩이 붙이고 앉아 지나온 삶의 굴곡마다 맺혀있는 이야기를 들어줄 사람이 없다. 현대인들은 저마다 '바쁘다'를 입에 달고 살고 있어서 백발의 어른들이 하는 말씀을 고리타분한 이야기라고 아예 들으려고도 하지 않으니 귀담아 들어주는 누군가가 필요하다. 대화라고 하지만 사실은 귀담아 들어드리기만 해도 어르신들의 마음은 풀어지는데 그러한 관심과 배려가 사회복지사의 몫이다.

사회복지사에게 매우 중요한 업무 중 하나가 여가프로그램의 계획과 실행이다. 연세가 많은 어르신들은 별다른 낙이 없다. 맛있게 드시고 즐겁게 시간을 보내는 것이 대부분이다. '어떤 놀이를 하면 어르신들이 즐거워하실까?' 사회복지사의 마음속에는 늘 그 문제가 담겨있다.

설날, 어버이날, 추석, 크리스마스에 이은 송년회, 정기적인 생신잔치를 제외하더라도 한 해 동안의 행사계획을 구상하고 준비하고 실행하며 그 결과에 대해 다시 되돌아보며 고민한다. 어르신 한 분 한 분과 눈을 맞추며 간단한 게임을 하면서도 신체기능과 인지기능 향상을 염두에 두고 시행한다.

이미용봉사자, 민요봉사단, 가요봉사단, 청소봉사자, 악기연주자, 레크리에이션 강사 등 다양한 재능을 가진 외부의 자원을 잘 활용하고 관리하는 것도 사회복지사의 몫이다. 운영전반에 대한 문서나 서류, 행정기관과의 연락 등 컴퓨터 앞에서 보내는 시간도 많다. 그래서 사회복지사는 멀티플레이어가 되어야 한다고 표현한다.

사회복지사, 간호사, 물리치료사, 요양보호사처럼 겉으로 드러나는 전문직종 이외에 보이지 않는 곳에서 매일 매끼 맛난 식사대접을 위해서 고민하는 영양사와 조리사, 안전한 송영을 책임지는 운전원, 행정사무를 보조하는 사무원도 없어서는 안 되는 필수 인력이다. 이렇게 다양한 직종의 전문 인력들이 돌봄 현장에서 어르신들과 보폭을 맞추며 인생을 동행하고 있다.

코로나19를 겪으며 전 세계적으로 돌봄 인력을 필수노동자(essencial worker)로 판단하고 처우를 개선하려는 노력들이 현실화되고 있다.* 돌봄 인력이 가진 역량은 서비스 질과 곧바로 연결된다. 늘 새로운 상황에 직면하여 판단하고 해결해 나가야 하기 때문이다. 적절한 처우와 교육에 대한 방안들이 우리나라에서도 지속적으로 마련되길 희망한다.

---

* 캐나다의 경우 코로나19 와중에도 필수서비스를 제공하고 있는 간호사, 요양보조사, 사회복지사 같은 필수노동자들의 임금을 인상하기로 했다. 총 40억 캐나다달러(약 3조5000억 원)의 재원을 마련해 노동자들의 임금을 인상하는 방안에 대해 정부와 모든 10개 주 및 3개 준주 정부가 합의를 했다. 「초고령사회 대비한 장기요양제도 발전방향 연구(책임연구자 석재은)」. 2020.

장기요양보험제도에
욕심을 더하다

 2008년 7월 도입한 노인장기요양보험제도(이하 장기요양제도)는 부분적인 수정을 거듭하며 국내 실정에 맞춘 제도로 정착해가고 있다. 자립적인 생활이 불가능한 대상자들이 신체 및 인지활동의 도움을 받아 삶의 질이 향상되는 것은 물론, 그들을 돌보느라 고통을 받던 가족이 각자의 삶을 보다 충실히 살 수 있는 효과를 누리고 만족스러워하는 것을 보며 현장에 몸담고 있는 사회복지사로서 제도의 긍정적인 효과에 박수를 보낸다. 그럼에도 달리는 말에 채찍을 가하는 심정으로 아쉬운 점을 몇 가지 짚고자 한다. 정책적인 부분이나 재정적인 부분, 행정기관의 연계 등은 정책을 입안하는 전문가들의 몫으로 넘기고 현장에서 경험하며 느낀 부분에 대해 이야기하고자 한다.

 교통사고를 당했다는 68세 남자 분을 모시고 자녀들이 상담을 왔다. 사고 후 장기간의 입원으로 근력이 약해져 걸음걸이가 예전 같지 않고, 사고 이후 집 밖에 나가는 것을 꺼려 종일 집에서 TV만 보고 있으니 기능이 점점 더 떨어지고 우울감도 생기는 것 같다고 했다. 사회생활을 하는 자녀들도 아버지가 집에 혼자 계시다는 것을 생각하면 마음이 불안하다며 주간보호시설을 통해 꾸준히 재활운동을 하고 동료들과도 어울려 심리정서적 안정감도 회복했으면 좋겠다고 했다.

무기력하게 세월을 흘려보내면 점점 건강이 나빠질 것이 예상되는 아버지께 도움을 드리고 싶은 자녀들의 마음을 읽을 수 있었다. 균형 잡힌 영양섭취와 지속적인 운동으로 어르신의 상태가 호전되리라는 것을 짐작할 수 있었다. 재활운동과 여가프로그램 등 진행되는 내용들을 살펴본 후 어르신도 자녀도 등급을 받아 입소하고 싶다고 했다. 하지만 현재 지팡이도 짚지 않고 걸을 수 있는데 '절뚝거리며 걷는다는 것만으로는 등급이 나오지 않을 것 같다'는 설명에 기대를 가지고 재활기구들을 둘러보며 즐거워했던 자녀들의 얼굴에는 실망감이 역력했다. '그러면 좀 더 방치해 지금보다 더 나빠진 다음 혼자 못 걷게 되면 와야겠다'는 뼈 있는 말을 하고 돌아갔다.

장기요양수급 대상자에게는 막대한 예산이 소요되어 대상자를 무작정 늘리기에는 무리가 있다는 것을 알지만 그냥 방치하면 기능이 저하될 것이 불 보듯 뻔한데 조기에 막을 수 없는 현실은 안타깝다. 인지지원등급이 치매로 진행되는 것을 최대한 억제하고 지연시켜 보자고 시행하는 제도이듯, 신체기능에 대해서도 선제적으로 서비스를 제공해 더 나빠지기 전에 회복할 기회를 제공하면 어떨까 한다. 돌이킬 수 없는 지경으로 악화된 후에 10을 지원해도 회복되지 않는 것을, 선제적으로 1이나 2정도만 지원하고도 악화되지 않도록 막을 수 있으면 오히려 득이 될 것이라는 계산을 해본다. 호미로 막을 수 있는 것을 가래로도 못 막는 상황이 되기 전에 작은 구멍을 호미로 꼼꼼하게 막아 건강한 여생을 누릴 수 있으면 좋겠다.

  1등급과 5등급은 시설급여나 재가급여 모두 서비스 제공에 대한 수가 차이가 많이 난다. 1등급의 경우 1개월간 사용할 수 있는 수가가 1,672,700원(2022년 재가서비스 기준), 5등급의 경우 같은 기준으로 1,068,500원이다. 1인당 월 60만 원 이상 차이가 나니 인원을 10명으로 계산을 하면 600만 원 차이가 난다.
  1등급의 경우 거의 와상상태로 온종일 누워 지내는 분들이 대부분인데 그들에게는 규칙적으로 기저귀를 교체해 드리거나 욕창방지를 위해 2시간 간격으로 체위를 변경해 드리고 식사수발 해드리는 것 이외에는 별로 할 것이 없다. 용변 뒤처리를 신속하게 하고 식사를 도와드리면 편안히 누워 지내시거나 말씀을 전혀 못하시는 분도 많아서 이것저것 요구하거나 욕구를 나타내지도 못하는 분들이 대부분이다.
  반면 수가가 낮은 5등급(치매특별등급)의 경우 인지기능이 저하되어 정확한 분별이나 판단을 못하지만 신체는 건강해 수발이 훨씬 어렵다. 사리분별이 되지 않아 해야 할 것과 하면 안 되는 것을 구분하지 못하니 많은 문제를 일으킨다. 유아들이 위험한 상황에 대한 인식 없이 부모의 제지를 거부하며 저항을 하듯, 어르신들도 제지를 받아들이지 않고 막무가내로 윽박지르거나 오히려 직원에게 호통치는 경우도 다반사이다. 어린아이는 어르고 달래도 안 되면 야단을 치기도 하지만 어르신들은 그리할 수도 없어 붙들고 설명하고, 제지하고, 관심을 다른 데로 돌리려 무진 애를 써야 한다. 아차 하는 순간 열린 틈을 노리고 탈출하는 경우도 간혹 있어 직원들의 혼을 쏙 빼 놓는다. 와상인 어르신에게서는 전혀 염려하지 않아도 되는 갖가지 문제를 만들며 긴장하게 만드는 것이 경증 치매 어르신들의 일상이다. 낙상이나 실종 등 사고발생의 빈도도 훨씬 높고 대수롭지 않은 일로 다투거나 사건을 일으키는 빈도도 1등급과는 비교할 수가 없을 만큼 높다. 수가는 가장 낮으나 몇 배의 수고를 감수해야 되는 어려움이 있다. 1~5등급으로 분류된 현 수가체계에서 등급별 수가 차등에 대한 제도적 고민도 필요하다고 본다.

장기요양제도의 중심에는 요양보호사가 있다. 대상자 돌봄에 대한 이론 80시간, 실기 80시간, 실습 80시간 총 240시간의 교육을 이수하고 필기시험에 합격하여 자격을 취득한 전문직업인이다. 신체나 인지기능의 장애가 있는 분들의 신체활동이나 일상생활을 도와드리는 중요한 일을 한다. 장기요양제도에 요양보호사가 없으면 아마 껍질뿐인 제도가 될 것이다.

그런데 이렇게 중요한 요양보호사에 대한 사회적 인식이 성숙되지 않아 안타깝다. 특히 대상자의 집을 방문해서 신체활동이나 일상생활을 도와주는 방문 요양보호사의 경우 그들을 대하는 사회적 인식이 매우 낮고 처우와 근무환경도 매우 열악하다. 장기요양인정을 받은 대상자에 대한 수발이 요양보호사의 업무로 한정되어 있는데, 그 범위를 벗어나 대상자의 가족에 대한 수발을 요구하거나 가정의 일을 도와주는 도우미 정도로 인식해 이런저런 집안일을 시키는 경우가 있어 요양보호사들의 마음을 무너지게 한다.

시설들이 난립해 있고 경쟁이 치열하니 업무범위를 벗어난 요구를 거절하면 다른 센터를 이용하겠다며 간단하게 요양보호사를 교체해 버리므로 실직 당하지 않으려고 울며 겨자 먹기로 부당한 요구를 들어주는 경우도 많다. 장기요양시설 수가 폭발적으로 증가한 상태에서는 대상자 한 명을 두고 경쟁을 하게 되므로 대상자는 '갑'이 되고 도움을 제공하는 요양보호사는 '을'의 입장이 될 수밖에 없다. 다행히 대상자와 요양보호사가 서로 잘 맞는 경우는 축복받은 경우라 할 수 있다. 도움을 받는 어르신이나 수발하는 요양보호사 간에 인간적인 유대감이 형성되어 친부모와 자녀처럼 친밀하게 지내는 이상적인 경우도 있으나 그렇지 못한 경우도 많아서 안타깝다.

최근 성실하고 어르신에 대해 각별한 애정을 가지고 있는 요양보호사를 치매 어르신께 파견했다. 구구단을 모르던 어르신께 구구단도 가르쳐드리고 함께 장을 봐 맛있는 음식도 만들어드리며 두어 달 서로 만족하게 지냈는데 어르신이 요양보호사를 도벽이 있는 것으로 의심하기 시작했다. 청소를 하면서 잘 쓰지 않는 구형 믹서를 구석으로 치워놓았는데 이것이 문제가 되었다. 어르신은 믹서를 요양보호사가 가지고 갔다고 확신을 하셨다. 요양보호사에게 호통을 치며 '일은 잘 하는데 손이 검다'고 단정지어 말하고 더 이상 일하러 오지 말라고 요양보호사를 거절하셨다.

요양보호사의 설명은 아예 들으려고 하지 않아서 정황설명을 듣고 내가 대신 어르신을 찾아가 절대로 그렇지 않다고 설명을 하며 문제의 믹서를 원래 자리에 갖다놨다고 했다. 어르신의 의심은 풀리지 않았고 호통을 치니까 몰래 가져다 놨다며 도리어 나를 설득하려 하셨다. 남편의 양복도 가져갔다는 식으로 이야기가 확산되어 단호하게 말씀을 잘랐다. 체격이 맞지도 않는 구형 양복은 젊은 사람들이 입지도 않는다며 어르신의 말을 막았으나 도저히 설득할 수가 없었고 그 직원은 실직하게 되었다. 치매환자에게 흔히 나타나는 의심증세로 인해 어르신을 위해 정성을 다했던 직원이 억울하게 실업자가 된 것이다.

'나를 도와주는 고마운 사람'이라는 생각을 하며 감사한 마음으로 대해준다면 상호 간에 즐거운 마음으로 지낼 수 있을 텐데 아랫사람 부리듯 부당한 요구도 할 수 있다는 생각은 달라져야 한다고 본다. 최근에는 건강보험공단에서 사회적 인식개선을 위해 미디어를 통한 홍보를 하고 있는데 더욱 넓게 지속적인 홍보가 필요하다. 감정노동과 육체노동의 이중고를 겪는 요양보호사들이 정당한 업무를 하고 인격적인 대우를 받으며 안정적으로 일할 수 있기를 희망한다.

'사랑과 약'을 전하는 보호자의 역할

　눈을 감고 '엄마~'하고 조용히 불러보면 눈물과 함께 떠오르는 얼굴. 몸과 마음이 지치는 날, 즐기시는 인절미를 사들고 달려가 '어쩐 일이냐?'는 물음에 '그냥' 하며 아무 말 않고 곁에서 드라마를 같이 보다가 돌아와도 위안이 되는 우리들의 어머니. 늘 위로가 되어주고 세상의 풍파를 막아줄 것만 같던 부모님이 등이 굽고 다리 힘이 약해지다 한 해 한 해 눈에 띄게 수척해져 간다. 전후반을 나누어 코트를 교대하는 운동경기처럼 그렇게 부모와 자녀는 보호자라는 위치를 교대할 시기를 맞이하게 된다. 어린 시절 부모님으로부터 넘어지지 않게 조심조심 다니라며 주의를 듣던 자녀가 부모를 향해 조심조심 걸으시라며 안전을 당부하는 위치로 자리바꿈을 한다.

　부모님이 우리에게 그러했듯 꼼꼼하게 부모님 안부를 살피고 변화를 확인할 필요가 있다. 고령의 부모님을 찾아뵙고 이런

저런 세상이야기만 하고 나오면 뭔가 이상하다는 느낌을 놓칠 수도 있다. 조금 이상하다는 느낌이 있어도 '연세가 많아서 기억력이 떨어지시는 구나!' 가볍게 넘어갈 수도 있지만 그렇게 되면 너무나 중요한 일을 흘려버릴 수 있다. 부모님의 미세한 변화를 가려내는 섬세함이 필요하다.

65세 이상 어르신 10명 중 1명이 치매환자라고 한다. 가족이 이상하다고 느낄 즈음이면 치매는 발병 후 2~3년이 지난 상태라고 한다. 부모님의 변화에 조금 이상하다는 느낌이 있어도 대수롭지 않게 넘기는 경우가 많다. 조기에 진단하고 대처하면 경증으로 유지할 수 있는 것을 방심하다 중증이 되면 환자와 가족들이 큰 고통을 당하게 된다.

현재 전 세계적으로 치매 치료약은 개발된 것이 없다. 활발히 연구는 되고 있으나 효과가 입증된 약은 아직 없다. 환자들에게 투여되는 약은 진행을 억제하는 것이다. 그것도 초기에는 효과를 볼 수 있지만 중증도가 넘어가면 효과를 제대로 발휘하지 못한다고 한다. 모든 병이 그렇듯 결국 치매도 초기에 발견하고 꾸준히 약을 복용하며 즐겁게 생활하는 것이 진행을 늦추는 최선의 방법이다.

핵가족 사회가 되면서 부부세대이거나 독거하는 어르신들이 많아졌다. 혼자 사는 어르신들의 경우 우울감을 안고 살고 있는데, 우울증과 치매의 상관관계가 있으니 부모님을 걱정하며 상담하러 오는 분들께 신경정신과 병원에서 검사를 받아보도록 권한다. 검사를 해보면 어르신 대부분 우울감이 있고 그것이 깊어져 우울증에 대한 약을 권유 받는 경우도 많고 이미 치매가 진행되고 있는 분들도 자주 뵙는다. 인식하지 못하는 사이에 뇌에서는 병이 진행된 것이다.

나는 부모님들께 치매검사를 해보시라고 자주 권한다. 정상적인 어르신의 경우는 치매검사가 왜 필요한지 인식하고 자발적으로 검사를 하러 가기도 하시지만, 오히려 치매 증세가 있는 분들은 화를 내며 거부하는 경우가 많다. 어쩌면 스스로도 자꾸 기억력이 떨어지는 것을 느껴 치매라는 복병과 마주칠 것 같은 불안감이 있기 때문인지도 모른다.

치매국가책임제가 시행되면서 각 지자체별로 치매안심센터를 설치하고 60세 이상 어르신들의 선별검사를 무료로 해주고 있다. 치매에 대한 상담이나 예방 프로그램 등도 제공하고 있으므로 제도를 적극 활용해 도움을 받을 필요가 있다.

어느 보호자는 팔순이 넘은 아버지가 시장에만 가면 대파를 한 단씩 사오는 것을 이상하다고 생각했지만 치매라고는 전혀 생각을 못했다며 대파가 무더기로 쌓인 것을 보고서야 미리 대처하지 못했음을 후회했다. 또 어느 딸은 가끔 어머니 댁에 가면 판계란을 사다 놓는 것을 보고 '다 먹지도 못하면서 왜 자꾸 사다 놓느냐?'고 나무랐고 홀로 사는 어머니가 천장에 닿을 듯 계란을 쌓아놓은 것을 보고서야 가슴이 철렁 내려앉았다고 했다. 그제야 동네 사람들이 내다버린 가재도구들을 주워오는 것이 어머니가 알뜰해서가 아니라 치매 때문이라는 것을 알았다고 했다.

대부분 자녀들은 내 부모가 치매라는 것을 인정하기 싫어한다. 그래서 초기에는 외면하다가 중증이 되어서야 진단을 받게 되고 돌이킬 수 없는 상황을 맞이하게 되는 경우가 많다. 연세 많은 부모님의 말에서나 행동에서나 이상하다는 느낌이 있으면 적극적으로 대처하는 것이 피해를 최소화하는 길이다.

치매환자들의 문제행동에 대한 질문을 가끔 받는다. 그러면 내 대답은 '백인백색'이라는 것이다. 어쩌면 그렇게 똑같은 증상으로 발전하고 진행되는 분이 한 분도 없는지 신기할 지경이다.

물론 공통적으로 나타나는 증상들도 있다. 대표적으로 초기에 나타나는 것이 기억력장애다. 특히 단기기억력이 약해져 동일한 질문이나 말을 계속 반복하거나 똑같은 내용의 전화를 수차례 반복해서 걸기도 한다. 이런 증상들은 주변사람이 조금 귀찮은 정도라 큰 문제는 없지만 약을 드셨는지 안 드셨는지 기억을 못하거나 하루에도 수차례 약을 복용하거나 며칠간 전혀 복용하지 않는 경우는 심각한 문제를 일으킬 수 있다.

최근 안타까운 사건이 발생했다. 젊었을 때는 머리가 좋다는 소리를 많이 들으셨다는 여자 어르신이 아파트 입구에서 넘어져 이마에 상처가 났는데 2, 3분 후 집에 도착해서는 어떻게 해서 다쳤는지 전혀 기억을 못하셨다. 통증과 넘어진 것에 대한 충격이 컸을 텐데도 어르신이 전혀 기억을 못하시는 상황이 속상하기도 하고 마음이 아팠다.

치매 증상으로 계산능력이 저하되고 사물의 이름을 잊어버려 우물쭈물하거나 시공간 지각능력 저하로 인해 길을 잃고 밤새 거리를 헤매는 것도 대표적인 증상 중 하나이다. 입소 어르신 중 비교적 젊은 편인 여자 어르신이 실종된 사건이 있었다. 일요일 오후 3시쯤 보호자인 딸은 외출했고 손자가 집에 있었지만 잠옷 바람으로 어르신이 밖에 나가는 것을 인지하지 못했다. 어두워지고 밤이 되어도 어르신을 찾지 못해 애를 태웠는데 다음 날 오전에 승용차로 30분 거리의 이웃 도시에서 경찰에 의해 발견되었다. 발견 당시 밤새도록 산길을 걸으셨는지 넘어지고 긁힌 상처로 얼굴과 온몸에 멍이 들고 감기 몸살 증세까지 있는 상태였다. 깜깜한 어둠 속에서 얼마나 두렵고 무서웠을지 생각하면 가슴이 먹먹해진다.

치매환자에게 가장 좋은 것이 운동이라고 한다. 신체적인 활동은 뇌기능을 활성화시켜 인지기능 향상에도 도움이 된다. 스트레스와 우울, 불안감이 감소하고 수면의 질이나 활동능력도 향상시킨다. 신체기능과 근육이 유지되어 낙상위험으로부터 보호하고 식욕을 증진시키는 등 운동에는 나열하기 어려울 만큼 유익한 점이 많다. 여러 사람을 만나고 소통하면서 존재감을 확인하고 동료나 이웃들과 친밀한 유대감을 형성하며 교류하는 것이 정신건강을 유지하는 데 매우 유익하다.

어르신들께 적당한 과제와 일거리를 드려 존재감을 확인할 수 있게 해드리고 자긍심을 갖게 하는 것도 중요하다. 아무것도 하지 말고 편안히 계시라는 말이 어르신들을 편안하게 하는 것이 아니라 오히려 무력감과 소외감을 느끼게 한다. 적당한 소일거리나 과제를 드려 자신의 존재가치를 느끼며 약간의 긴장감을 가지고 활동할 수 있게 해드릴 필요가 있다.

치매환자 돌봄에서 가장 중요한 두 가지는 '사랑과 약'이라고 한다. 정확한 진단에 따라 약을 꾸준히 복용하고 한결같은 관심과 사랑으로 보살펴드리는 것이 치매환자의 상태를 가장 안정적으로 유지하는 방법이다.

우리 센터에 가족도 분별하지 못하는 심한 치매 어르신이 계신다. 용변에 대한 인지도 못하고 식사에 대한 인식도 못하시는 분이지만 눈을 맞추고 웃으며 '어르신, 안녕하세요?' 하고 인사를 하면 단어 연결이 잘 안 되는 상태임에도 '이-뻐! 제일 이뻐!' 하며 떠듬떠듬 기분 좋다는 표현을 해주신다. 분별력이나 판단력이 심한 손상을 입었지만 좋은 느낌과 나쁜 느낌을 구분하시는 것이다.

치매환자와 함께 사는 것은 큰 고통을 동반한다. 가장 친밀한 부모와 자식 관계라고 하더라도 짐작하지도 못할 어려움과 순간순간 돌발적인 행동이 돌보는 가족으로 하여금 인내심의 한계를 느끼게 할 때도 많다. 그럼에도 환자라는 것을 늘 기억해야 한다. 암에 걸린 부모님을 안타깝게 생각하며 성심껏 섬기듯 치매환자인 부모님께도 안타까운 마음에 사랑을 얹어 대해야 한다.

인간에게 발생할 수 있는 질병이 만 이천 가지가 넘는데 그 많은 질병 중에 가장 두려워하는 질병이 치매라고 한다. 치매는 부모님과의 애틋하고 즐거웠던 추억마저 '똥칠'로 덮어버린다. 용변을 보고도 그것이 뭔지 인지하지 못하고 손으로 만져보고, 손에 뭔가 묻었으니 옷이나 이불이나 벽에 닦아서 돌보는 사람을 기겁하게 만든다. 치매증세가 깊어지기 전에 조기대처로 어르신과 가족들의 고통을 최소화하는 방법을 찾아야 하는 이유다.

뉴질랜드에서 한참 남쪽으로 내려간 남극해에 있는 캠벨(Campbell) 섬에는 시트카 가문비나무(Picea sitchensis) 한 그루가 살고 있다고 한다. 가장 가까운 이웃 나무와 200킬로미터 넘게 떨어져 자라고 있어 기네스북에 세상에서 가장 외로운 나무로 등재되어 있다.

사람에게는 거리만이 외로움을 재는 지표가 아닐 것이다. 비록 눈만 돌리면 언제라도 사람을 만날 수 있지만 그 마음속은 캠벨섬의 가문비나무와 같은 어르신들이 주변에 많을 것이다. 거친 바람과 고통을 홀로 견디며 시간과 싸워야 하는 두려움이 지금은 남의 일이지만 곧이어 우리 가족, 나의 문제가 될 수도 있다. 더 이상 자녀들에게 효도라는 이름으로 부모 수발을 강요할 수 없는 시대다. 외로움과 고통도 나누거나 덜 수 있다면 그 방법을 찾아가는 것이 맞는 일이다. 국가가 마련한 제도를 이용해 어르신과 가족 모두 삶의 질이 향상되는 방법을 찾아나가길 희망해 본다.

추천의 말

　장기요양보험이 시작된 2008년부터 12년간 등급판정위원회와 장기요양시설 평가자문단으로 활동하며 노인장기요양제도가 돌봄이 필요한 어르신과 그 가족에게 매우 중요한 국가적 서비스로 자리매김하고 있음을 느끼고 있다. 그러나 아직도 돌봄이 필요한 노인이지만 돌봄을 받지 못하는 경우가 상당히 많은 것 또한 사실이다. 독거노인처럼 정보 접근성이 낮은 어르신들은 제도를 잘 알지 못해 이용이 힘들다. 또 장기요양등급은 받았지만 장기요양서비스에 대한 부정적 생각, 즉 가족이 아닌 타인의 돌봄을 받는다는 사실에 대한 불편한 마음, 혹은 장기요양서비스를 이용하는 것이 자식의 도리가 아니라는 생각으로 거부하는 경우도 있다.
　흔히 치매 어르신을 10년 돌보면 돌봄을 맡은 가족 또한 10년을 늙어 간다는 말처럼 노인 돌봄, 특히 치매 어르신을 돌보는 것은 매우 힘든 일이다. 『흐르지 않는 시간을 찾아서』는 현장에서 일하는 장기요양종사자의 진솔한 삶을 통해 장기요양제도가 노인의 삶의 질을 향상시켜주는 매우 중요한 제도라는 사실을 정확히 알려줌으로써 장기요양서비스에 대한 부정적 인식에서 벗어나는 것은 물론, 신뢰 향상과 이용을 높이는 데도 도움을 줄 것으로 생각된다.
　이 책의 출간을 계기로 우리 사회가 돌봄 종사자인 장기요양인력이 가지는 중요성과 가치를 충분히 인정하는 계기도 되었으면 한다. 우리가 그들에게 질 높은 장기요양서비스를 요구하면서도, 정작 그들을 올바로 이해하고 지원하는 데는 충분한 시간을 쏟지 못했던 것이 아닐까 하는 반성을 하게 된다. 책을 통해 우리 사회가 돌봄 종사자들이 전문가로서 보람을 느끼며 안정적으로 일할 수 있는 환경을 조성해주어야 할 책임을 가져야 한다는 생각을 하게 되었다.

이우언 수성대 사회복지학과 교수

    노인장기요양보험제도가 도입된 지 십여 년이 지났다. 수급자가 초기 21만 명에서 2020년 95만 명으로 확대되어 초고령시대를 대비할 수 있는 국내 사회보장제도의 중심으로 성장했다. 양적 성장뿐만 아니라 맞춤형 급여이용서비스 등 제도 개선과 서비스 질 향상으로 장기요양보험제도는 이제 존엄한 노후생활을 지켜주는 제도로 정착되었다고 생각한다. 정부나 공단, 장기요양기관 운영자와 종사자 등 모든 분들이 합심하여 이룬 값진 결실일 것이다.

    재활을 목적으로 운영되는 주간보호시설 시설장인 저자는 사례 위주로 노인 돌봄 현장의 생생한 경험을 소개하고 있다. 장기요양보험 재가서비스 제도를 몰라 불효를 자책하며 간병과 부양부담으로 어려움을 겪는 분들이 아직 많이 있다. 이 책이 치매, 재활 치료 등으로 고민하는 이들에게 실질적인 정보를 제공하고 노인 돌봄에 대한 일반인의 관심을 넓히는 데도 도움을 줄 것으로 기대한다.

박규태 국민건강보험공단 노인장기요양보험 대구동부운영센터장

흐르지 않는 시간을 찾아서
_사회복지사가 바라본 노인 돌봄의 오늘

초판 발행 2022년 2월 15일
지은이 오정숙
펴낸이 임형준
펴낸 곳 아마디아
등록 2017년 10월 11일
전화 031)261-8271
팩스 031)624-4489
홈페이지 amadia.co.kr
이메일 amadia@naver.com

ISBN 979-11-91148-03-9 (03300)
값 15,000원
ⓒ 오정숙

이 책은 저작권법에 따라 보호받는 저작물이므로 무단전재와 복제를 금합니다.
잘못된 책은 구입처에서 교환해 드립니다.